Lk⁷ 7569

I

CAMPAGNE PITTORESQUE

DU

LUXOR.

IMPRIMERIE DE Mᵐᵉ HUZARD (NÉE VALLAT LA CHAPELLE),
rue de l'Éperon, n° 7.

CAMPAGNE PITTORESQUE

DU

LUXOR,

PAR

M. Léon DE JOANNIS,

Élève de l'École Polytechnique, Lieutenant de Vaisseau, second du Luxor, et Chevalier de la Légion-d'Honneur.

OUVRAGE CONTENANT DIX-HUIT PLANCHES REPRODUISANT LES DÉTAILS DES TRAVAUX EXÉCUTÉS POUR L'ENLÈVEMENT DE L'OBÉLISQUE OCCIDENTAL DE LUXOR, ET DIVERS SITES ET COSTUMES D'ÉGYPTE SE RATTACHANT AUX LIEUX HABITÉS PAR L'EXPÉDITION.

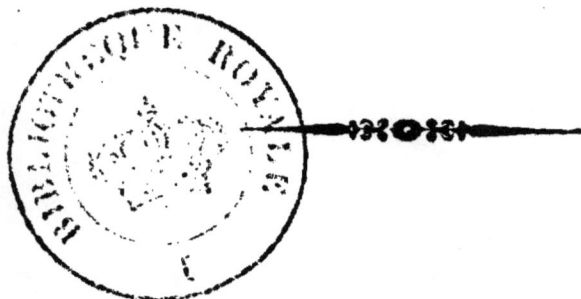

PARIS,

CHEZ Mme HUZARD, Libraire, rue de l'Éperon, n° 7.

—

MARS 1835.

PRÉFACE.

Voici quelques esquisses des impressions variées d'une campagne en Égypte; j'ai voulu, par de rapides tableaux, jeter du jour sur ce pays si peu connu en France. J'ai raconté brièvement l'expédition du *Luxor;* et, pour initier plus facilement mes lecteurs aux détails de notre beau voyage, j'ai reproduit des croquis pris sur les lieux, et me suis attaché à en conserver toute la vérité.

Puisse cette publication être de quelque utilité dans l'histoire du nouveau monument que possède notre capitale!

CAMPAGNE PITTORESQUE

DU

LUXOR.

—

L'idée de transporter en France un monument capable d'éterniser le souvenir de nos victoires en Égypte fut une des vastes conceptions de l'homme extraordinaire qui ouvrit le dix-neuvième siècle; mais ce noble projet semblait mort avec celui qui l'avait conçu, il appartenait à notre époque de le faire revivre, et surtout de le voir mettre à exécution.

En 1830, le pacha d'Égypte donna à la France les deux obélisques de Luxor; et aussitôt une expédition, destinée à l'enlèvement de l'un deux, fut arrêtée.

On s'occupa donc sans délai de faire un navire propre à cette précieuse conquête, et le *Luxor*,

8

bâtiment à fond plat d'environ cent trente pieds de long sur vingt-six pieds de large, fut construit à Toulon pendant la guerre d'Alger.

Traverser cinq cents lieues de mer du lieu de son armement jusqu'à Alexandrie, de là remonter cent quatre-vingts lieues de Nil, pour arriver à Thèbes, sur les ruines de laquelle se trouve le village de Luxor, y prendre l'obélisque, redescendre le Nil, revenir à Toulon, regagner ensuite Cherbourg en contournant la péninsule et traversant le golfe de Gascogne, puis entrer dans la Seine et remonter jusqu'à Paris, tel était le voyage qu'avait à effectuer ce navire.

Il fallait, avant tout, qu'il pût naviguer dans le Nil et la Seine; il fallait qu'il pût passer sous les vingt ponts qui séparent Rouen de Paris; il fallait, en outre, qu'il fût d'une capacité correspondante à la charge énorme qu'il devait recevoir.

Pour naviguer dans les deux fleuves dont nous venons de parler, une construction légère et un fond plat lui étaient nécessaires, afin de tirer moins d'eau, et pouvoir passer dans les endroits les moins profonds de leurs lits. Le diamètre des arches les plus petites des ponts de la Seine fixa une limite pour sa largeur. La longueur de l'obélisque, et l'emplacement nécessaire au logement des vivres de cent trente-six hommes d'équipage, déterminèrent ses dimensions en longueur.

On s'attacha, en outre, à observer quelques conditions que dictait la prudence. Le *Luxor* devait faire environ dix-huit cents lieues par mer ; il était donc urgent de consolider intérieurement sa construction en bois blanc par de fortes pièces de chêne, qui le rendissent capable de lutter contre les efforts d'une grosse mer, lorsqu'il serait chargé d'un poids de cinq cents milliers. Ces précautions furent prises, et le bâtiment était tout prêt à la fin de 1830. On écrivit alors de Paris pour hâter son départ ; mais Toulon fit observer que ce navire était complétement dénué des qualités voulues pour naviguer dans la saison des gros temps. Il fut décidé qu'il ne prendrait la mer qu'au printemps suivant. Cette époque arrivée, l'on arma le *Luxor*, c'est à dire on mit à bord son équipage, ses officiers[1], ses voiles, ses vivres, son eau, ses agrès, et, en outre, tout le matériel destiné à

[1] Le capitaine du *Luxor* était M. de Verninac Saint-

abattre l'obélisque, à le traîner et à l'introduire dans le bâtiment. Ce matériel se composait de douze énormes pièces de bois rondes appelées *bigues*, de soixante pieds de long et de près de deux pieds de diamètre; d'une quarantaine de grosses planches de même longueur, et d'environ quatre pouces d'épaisseur; de douze cents mètres de cordes grosses comme le bras; de quatre cents mètres de cordes encore plus grosses, puis d'une multitude de plus petites; puis de cabestans, de vis, de leviers, de poulies, d'outils de tout genre, d'une sonnette pour battre des pieux, d'une forge, de fer, d'acier; et, en un mot, tous les objets nécessaires aux travaux projetés pour se rendre maître de l'obélisque et l'apporter en France.

Maur, lieutenant de vaisseau. L'état-major se composait ainsi qu'il suit : M. de Joannis, lieutenant de vaisseau, second; M. Levavasseur, lieutenant de frégate; MM. Blanc et Baude, *idem*, auxiliaires; M. Angelin, chirurgien-major; M. Silvestre, commis d'administration; M. Jaurès, élève de première classe; et M. Pons, chirurgien en second.

M. Lebas, ingénieur de la marine, chargé des travaux de l'obélisque, était comme passager à bord.

Cet armement fut terminé vers la fin de mars 1831 ; et, dès lors, l'on n'attendit plus que le vent favorable pour acheminer vers l'Égypte les Argonautes modernes.

Malgré les qualités essentiellement négatives du *Luxor* pour la navigation de haute mer, on ne balança cependant pas à le faire partir seul, sans remorque ni escorte. Un semblable parti était évidemment imprudent, et compromettait la réussite de l'expédition dès son début ; car la suite a prouvé aux officiers que, si l'on eût trouvé une série de vents contraires, il eût été impossible d'arriver au but de la destination. Enfin, la Providence, qui veille sur les grandes entreprises, et se réserve peut-être de faire jaillir plus tard, d'un objet de pur luxe, d'un obélisque, des pensées utiles à l'humanité, nous fit sortir de Toulon, le 15 avril, avec des vents favorables, et nous les rendit tels presque sans relâche pendant toute notre traversée.

Je ne parlerai point de la manière dont le *Luxor* se comporta à la mer, je serais obligé d'entrer dans des détails peu intéressans ; mais l'on peut assurer à l'avance que la plus mauvaise barque, munie de trois mâts, naviguerait tout aussi bien que lui.

Le 3 mai nous vit sur les côtes d'Égypte. A peine le petit jour parut-il, que la vigie cria *terre!* et que bientôt nous reconnûmes la pointe d'A-boukir. Bien des tristes pensées se soulevèrent dans nos cœurs, à la vue de cette terre aussi célèbre par la bataille qu'y gagna le général Buonaparte, que par le désastre maritime de l'amiral Brueis; mais toutes nos idées se reportèrent instantané-ment vers Alexandrie, but tant désiré de notre voyage hasardeux, et bientôt se dessina sur le ciel bleu et les dunes de sable du désert la blancheur éclatante des palais du vice-roi.

Peu d'heures nous suffirent pour atteindre le port, où nous mouillâmes à dix heures du matin.

D'après les bruits répandus à Toulon et les documens donnés par des personnes ayant fait partie de la mémorable campagne d'Égypte; il était fort peu sûr que le *Luxor* pût franchir la barre du Nil[1]. Aussi, le capitaine Verninac envoya-t-il de suite un officier reconnaître les lieux.

[1] On appelle barre un amas de sable qui se trouve à l'embouchure de tous les fleuves par l'effet des courans; ces sortes d'amas obstruent ordinairement toute la largeur du lit, et n'ont que peu d'eau au dessus d'eux.

Cette embouchure se trouve à peu près à douze lieues dans l'est d'Alexandrie, et à trois lieues au dessous de Rosette, ville bâtie sur le bord du fleuve. Les sondes furent exécutées avec le plus grand soin par M. Jaurès, et rapportèrent environ six pieds pour la plus grande profondeur sur cette barre. Le *Luxor* devait donc réduire à six ses huit pieds et demi de tirant d'eau. Pour y parvenir, le moyen le plus simple était de le décharger, en le débarrassant de tout ce qui était à bord. On mit donc la main à l'œuvre, et l'on sortit du bâtiment pièces de bois, cordages, et lest de tout genre. De grands bateaux du pays, nommés *dgermes*, recevaient au fur et à mesure tout ce matériel, et devaient plus tard le transporter à Thèbes. L'allégement marcha avec rapidité, et nous eûmes le plaisir, au bout d'un mois, de voir le *Luxor* ne plus tirer d'eau que les six pieds réclamés par l'état de la barre.

Par suite de ces dispositions, six dgermes se trouvèrent chargés ; quatre des objets destinés aux travaux de l'obélisque, et deux des agrès du bâtiment.

Des considérations de prévoyance se présentèrent alors. Il était d'une incontestable nécessité que le *Luxor* trouvât, à son arrivée à Thèbes, et dans l'endroit le plus propice à l'embarquement de l'obélisque, un lit pour s'échouer; il fallait que ce lit fût préparé avant la crue du Nil, afin que, les eaux de l'inondation le couvrant, le bâtiment pût venir se mettre au dessus, et s'y faire déposer par leur retrait.

Ces raisons déterminèrent le départ subit d'une expédition partielle, dans le double but, et de disposer la cale d'échouage, et de mettre le temps à profit, en commençant aussitôt que possible les travaux de l'obélisque.

M. Lebas, ingénieur de la marine du port de Toulon, chargé de l'opération, fit embarquer, sur les quatre dgermes qui contenaient son matériel, les seize ouvriers, tant charpentiers que forgerons et tailleurs de pierres, pris à notre départ dans l'arsenal; de plus, le capitaine Verninac lui adjoignit M. Jaurès, élève de première classe; M. Pons, second chirurgien du bâtiment, et dix matelots.

Ce détachement partit sans délai pour nous précéder dans la Haute-Égypte, où il nous était encore impossible de pénétrer, les eaux du fleuve étant basses, et ne permettant que la navigation des bateaux du pays.

Suivons un instant cette petite expédition. Son voyage jusqu'au Caire, qui est à environ soixante lieues, s'effectua assez rapidement. Là, il fallut faire une pause, et transborder tout le matériel des dgermes sur un autre genre de bateaux du pays, nommés *agabas,* à fond tout à fait plat, et tirant, par conséquent, beaucoup moins d'eau. Ce travail fut exécuté avec toute la célérité possible, malgré la chaleur étouffante du Caire, et les obstacles de plus d'un genre qui vinrent entraver la marche et le zèle de notre avant-garde. Cependant, la flottille quitta le port de Boulak au bout de quelques jours, et fit voile pour Thèbes. Une navigation de cent vingt lieues sur un fleuve comme le Nil, parsemé de bancs, avec des bateaux marchant, les uns bien, les autres mal, ne peut guère se passer, comme on le pense, sans être traversée par une multitude de peines physiques et de soucis de tout genre. La température devenait plus élevée à mesure qu'on s'enfonçait dans le Saïd[1]; et,

' Saïd est le nom de la Haute-Égypte.

sans l'eau bienfaisante du Nil et les vents étésiens, qui apportent un peu de fraîcheur, il eût peut-être été impossible de supporter ce changement brusque de climat. Ces vents eux-mêmes, dont l'influence est si heureuse sur toute l'Égypte, puisqu'ils y arrivent à l'époque des plus grandes chaleurs, devinrent parfois, pour nos bateaux, un véritable sujet d'inquiétude. Resserrée dans quelques endroits près des montagnes qui viennent jusqu'au bord du Nil, la brise prend l'apparence de coup de vent, et charge les bateaux à la voile, de manière à leur faire craindre de chavirer. Notre flottille eut à essuyer une de ces bourrasques à la montagne d'Aboufeda; il n'en résulta cependant rien de malheureux.

Les Arabes, dans ces circonstances dangereuses de la navigation, ont recours à des pratiques singulières pour conjurer le mauvais temps. L'un plante un couteau dans l'un des mâts; l'autre jette du sel au feu; un troisième fait des espèces de conjurations à haute voix. Il y aurait réellement de quoi beaucoup s'amuser à voir leurs jongleries, si pour elles ils n'abandonnaient la manœuvre des voiles dans le moment où elle est la

plus urgente. Aussi, nos hommes étaient-ils obligés de se servir d'argumens tout à fait persuasifs,
afin de prouver aux Arabes qu'ils devaient ma-
nœuvrer, et non faire quelques ridicules simagrées.

Enfin, après bien des difficultés vaincues par
la persévérance, notre avant-garde arriva à Thèbes, le 11 juillet; elle fut naturellement s'arrêter
à Luxor, lieu de sa destination. Là, nous la lais-
serons s'occupant de transporter à terre tout le
matériel des bateaux; creusant un lit pour recevoir
le bâtiment; abattant la portion du village qui en-
travait les plans arrêtés; mettant la première
main aux travaux de l'obélisque, et préparant les
logemens pour toute l'expédition.

Redescendons à Alexandrie, où est resté le
Luxor.

Nous avons vu qu'il s'était déchargé, de manière à ne plus tirer que six pieds d'eau; il ne
s'agissait donc alors que de passer la barre le plus
tôt possible, et par là effectuer notre entrée dans
le Nil. Cette barre a un pilote spécial, constamment au courant de tous les changemens qui s'y
opèrent; de telle sorte qu'il est indispensable aux
bateaux de s'y faire diriger par lui, sous peine de

se voir jeter sur les bancs de sable environnans. Ce pilote, le vieux Salem (qui nous disait avoir fait ses dents sur les sables du Bogaz [1], et qui maintenant n'en a plus qu'une) vint à Alexandrie pour voir le bâtiment; il le trouva un peu gros à côté de ses dgermes; et, malgré son sang-froid, ses discours laissaient percer quelques craintes de non-réussite; il n'y avait cependant point à balancer; aussi se mit-on de suite en mesure de quitter Alexandrie pour se rendre à l'embouchure du Nil. C'est alors qu'une question assez importante se présenta : comment le *Luxor* pourrait-il effectuer ce trajet de douze lieues? car il était tout à fait impropre à une navigation dans laquelle il n'avait pas vent arrière. Il fallut donc penser sérieusement à un remorqueur. On s'adressa, dans ce but, aux navires marchands français alors sur rade. Quels qu'aient été les motifs de leurs capitaines, ils nous demandèrent des sommes exorbitantes; peut-être voulurent-ils profiter de l'urgence de notre position; bref, on les abandonna

[1] Bogaz signifie passage étroit dans l'Orient. Ce terme est toujours maritime.

pour écouter des propositions plus raisonnables de quelques bâtimens sardes. Le capitaine Verninac balançait, au milieu des divers prix, qui tous étaient encore assez élevés, lorsque nous vîmes paraître à l'horizon un bâtiment de guerre. Bientôt il fut mouillé près de nous; c'était le d'*Assas* (brick de vingt canons, commandé par M. Pujol), envoyé par le gouvernement français près du vice-roi, pour une mission de peu de durée.

Cette arrivée levait toutes les difficultés. M. Pujol s'empressa d'offrir la remorque au capitaine Verninac; et, quelques jours après, nous voguions dans les eaux du d'*Assas,* qui nous traînait à force de voiles vers l'embouchure du Nil; nous y jetâmes l'ancre le soir même de notre départ. Là, le d'*Assas* nous abandonna et mit le cap au large. Il était trop tard pour franchir la barre, le pilote nous fit donc rester en dehors, et remit la partie au lendemain matin. De petits bateaux, rangés des deux côtés du passage dangereux, indiquaient la route que devait suivre absolument le *Luxor*, sous peine d'aller s'échouer. Tout était disposé, lorsque le soleil du 17 juin 1831 se leva.

Le premier soin fut de sonder dans les endroits les moins profonds, afin de s'assurer que rien n'était changé à l'état de la veille. Huit heures arrivèrent, et le pilote donna le signal du départ. Jamais autant d'ardeur et d'activité ne s'étaient déployées à bord du *Luxor* : en un instant l'ancre fut levée, et le navire, couvert de voiles, se dirigeait vers le Bogaz; nous avions jolie brise et vent arrière. Déjà le tiers de la barre était passé, quand deux fortes commotions nous avertirent que nos cinq quilles avaient rencontré le fond : l'eau se troubla; nous étions alors presque arrêtés; heureusement nous ne restâmes pas long-temps dans cette position : la houle soulevait et laissait tomber alternativement le bâtiment, de telle sorte que, lorsqu'il était à flot, l'effort des voiles étant constant, il franchissait une petite portion du terrain, contre lequel il allait bientôt se heurter de nouveau, quand la lame se creusait sous lui. C'est ainsi que le *Luxor*, demi-flottant, demi-échoué, fit ses premiers pas dans le Nil; c'est après vingt coups de talon, et après avoir été pendant un quart d'heure en proie à la crainte continuelle de nous briser ou de rester au milieu des sables, que nous eûmes le plaisir de naviguer librement dans le plus beau et le plus tranquille de tous les fleuves. Le fort qui défend son entrée salua à coups de canon notre heureuse délivrance; et le *Luxor*, tout fier de tant d'honneur, s'élança avec confiance vers le but de son pèlerinage.

Ce beau soleil, ces voiles bien enflées, cette troupe de dauphins jouant autour de nous; ces vols immenses de pélicans, de mouettes et de sternes passant au dessus de nos têtes; puis, ces rives basses, couronnées de dattiers, jaloux de voir nos mâts dominer leurs cimes : tout contribua à faire pour nous de cette journée une délicieuse partie de plaisir; tout nous offrit un panorama ravissant.

Nous marchions depuis environ une heure, lorsque le salut d'un fort, construit par notre vieille armée, se fit entendre; quelques révérences de notre pavillon répondirent à cette politesse, et nous continuâmes notre route vers Rosette, que nous atteignîmes quelque temps après.

Un navire comme le *Luxor*, dans le Nil, semblait aux habitans une grande nouveauté; aussi les voyait-on quitter leurs rizières et leurs champs de coton; l'enfant abandonner son troupeau de moutons et de buffles, pour accourir sur le rivage, et contempler ce qu'ils appelaient le galioun et le bâtiment-montagne.

Voilà donc le *Luxor* à Rosette, bien solidement attaché en face de la grande place. Cette ville, à peu près à l'emplacement de l'ancienne Bolbitis, est beaucoup mieux bâtie que ne le sont, en général, les cités turques; elle a cependant perdu une grande partie de sa population, par la proximité d'Alexandrie, qui est devenue le siége de presque tout le commerce européen en Égypte. Les environs de Rosette n'en sont pas moins ravissans : de beaux jardins où l'oranger, le bananier, le dattier et le sycomore s'unissent pour produire les ombrages les plus frais, le coup-d'œil le plus attrayant, offrent de délicieuses promenades; l'on n'y est point astreint à des allées bien droites, à des sentiers bien propres, et l'on y jouit de cette liberté immense, que trouve l'homme seul au milieu de la nature.

Cependant les eaux du Nil étaient encore trop basses pour permettre au *Luxor* d'y entreprendre son voyage : force lui fut donc d'attendre la crue. Enfin, les rapports des bateaux descendant du

Caire déterminèrent notre départ, le 7 juillet. Les deux dgermes qui contenaient les agrès et le lest du bâtiment devaient nous suivre, et étaient destinées, en outre, à nous donner la remorque dans certains endroits difficiles.

La navigation du Nil, à cette époque, est favorisée par les vents d'été, dont la direction, en remontant le cours général du fleuve, offre de grandes facilités aux bâtimens qui se rendent du Bahari[1] dans le Vostani[2] et le Saïd.

Bien que nous eussions à bord des pilotes du pays, nos dgermes marchaient devant nous, et, sondant avec de longues perches, nous conduisaient merveilleusement dans des endroits où, sans elles, nous n'eussions jamais osé passer. C'était chose curieuse de voir le *Luxor* raser les rives et briser les mimosas et les cotonniers qui les couronnent. Je dois mentionner ici l'habileté de quelques uns des reïs[3] commandant ces dgermes; je citerai entre autres l'un d'eux, nommé Ali-Hammad, qui, pendant tout le temps du voyage, nous

[1] Bahari, nom de la Basse-Égypte.
[2] Vostani est le nom de l'Égypte-Moyenne.
[3] Reïs, nom du capitaine des bateaux du Nil.

a rendu de notables services. Quoique d'un caractère un peu rétif, cet homme devenait superbe
dans un moment critique; ce n'était plus alors
Ali, à la figure refrognée, et grommelant entre ses
dents; c'était Ali, le regard assuré, la tête haute;
debout sur la poupe de sa grande dgerme, tenant
la barre du gouvernail, et conduisant sa barque,
aux immenses antennes, jusqu'à venir nous donner la main. Alors il prenait la remorque, forçait
de voiles, et nous aidait ainsi à franchir les passages difficiles; mais, aussitôt le danger éloigné,
il quittait le gouvernail, sans même dire à un autre
de s'en emparer; ramassait la moitié de sa voilure,
reprenait son train ordinaire, sa nonchalance naturelle, et ressaisissait sa pipe, qu'il abandonnait
seulement dans les circonstances majeures.

Nous continuions donc notre route, tantôt vo-
guant vent arrière au beau milieu du fleuve; tantôt pinçant le vent, et nous faisant remorquer,
quand le Nil présentait des sinuosités; tantôt,
enfin, forcés de serrer nos voiles et de mouiller,
lorsque la brise devenait tout à fait contraire.

C'est dans ce dernier cas que l'équipage du
Luxor déploya toute l'énergie dont il était ca-

pable. Qu'on imagine, en effet, un lourd bâtiment, si peu propre, par sa forme, à diviser le liquide, obligé de remonter le fleuve contre le vent et le courant, et des hommes opérant cette marche à force de bras, sous un soleil de 50 à 60 degrés. Il faut avoir assisté à ces travaux pour bien comprendre tout ce que des marins dévoués peuvent faire; tout ce qu'ils peuvent souffrir, lorsqu'ils sont soutenus par le patriotisme, l'espérance et la confiance en leurs chefs. Chacun sentait, en effet, l'urgence de passer au plus vite un coude malencontreux, afin de reprendre la direction générale du fleuve, et d'y retrouver les vents favorables. On travaillait donc sans relâche à se touer dans ces circonstances pénibles; et, depuis l'officier jusqu'au mousse, tout le monde mettait la main à l'œuvre.

Arrêtés sans cesse par des obstacles de tout genre, il nous était impossible de marcher la nuit; nous mouillions tous les soirs auprès d'un des nombreux villages répandus sur les bords du Nil. Ces petites stations nocturnes et quotidiennes nous fournirent l'occasion d'étudier à fond les mœurs du peuple malheureux, mais essentiellement gai,

qui peuple l'Égypte. La descente des officiers dans
ces diverses bourgades était toujours un nouveau
sujet de curiosité pour les habitans. Des groupes
d'hommes et de femmes de tout âge nous entouraient aussitôt, et nous amusaient autant par leurs
questions originales que par leurs figures et leurs
vètemens grotesques. Les enfans nous criaient im-
pitoyablement *baccice* (espèce de formule de men-
dicité); et maints vieillards, dont les bras déchar-
nés s'allongeaient au devant de nous, nous arrê-
taient presque à chaque pas; aussi vidions-nous
nos poches, et faisions-nous bien des heureux
avant de regagner notre petite patrie flottante.

Parmi les points de station du *Luxor*, il en est
un sur lequel nous nous arrêterons un instant : je
veux parler du Caire. Cette capitale de l'Égypte,
peuplée, dit-on, de trois cent mille ames, se trouve
à environ soixante lieues d'Alexandrie. Nous ne
pouvions la dépasser aussi promptement que les
autres villes; car nous devions y prendre des vivres et y faire divers achats pour les besoins de
l'expédition.

Ces affaires nous demandèrent six jours, que
nous y passâmes fort agréablement. Les officiers

furent visiter les pyramides de Giséh, les mos-
quées, la citadelle, et tous les monumens de la
ville des califes.

Une multitude de curieux vint voir le bâtiment,
et nous procura quelques scènes d'autant plus
amusantes, que les fatigues de notre voyage jusqu'alors nous les rendaient plus piquantes; nous
reçûmes grand nombre d'Européens, d'hommes
du pays, de femmes arméniennes, juives, et le-
vantines. Ces femmes, couvertes, de la tête aux
pieds, par un immense voile en taffetas noir, étaient
toujours pour nous un spectacle fort bizarre et
fort risible. Des masques en mousseline blanche,
ornés de paillettes, cachaient entièrement leur
figure, et ne laissaient apercevoir que les yeux,
qui sont, en général, fort beaux. Aussitôt que ces
dames étaient à bord, nous les engagions à quitter
leur voile importun; nous alléguions qu'il n'était
point dans les usages français de recevoir de semblables dominos, et qu'elles ne devaient point
avoir honte de nous montrer leurs jolis minois,
puisqu'en France nous jouissions d'une semblable
prérogative à l'égard de toutes les femmes. Ces
belles allocutions persuadaient facilement ces

dames; il se faisait entre elles une rapide consultation du regard; après quoi une douzaine d'épingles sautaient et laissaient tomber ces ennuyeuses capes noires, sous lesquelles étaient cachés et les figures les plus distinguées et les habits les plus riches. C'était réellement une victoire que nous remportions sur les préjugés de pays; victoire qui, je pense, faisait peu de peine à ces dames; car elles acceptaient sans répugnance nos bras pour visiter le bâtiment.

En partant du Caire, les pilotes de la Basse-Égypte, que nous avions pris à Rosette, nous quittèrent, et furent remplacés par deux hommes de la Nubie-Inférieure, ou barbarins[1], Guioumâa et Ibraïm. Tout en eux nous frappa. Les barbarins ne sont évidemment point de la même race que l'Arabe de l'Égypte. Leur peau plus noire, leurs formes plus grêles, leur galbe plus fin, cette souplesse dans les mouvemens; cette grace presque prétentieuse dans les moindres choses; leur voix douce et flûtée, terminée par des notes aiguës; puis,

---

[1] Nom qu'on donne, en Égypte, aux habitans de la Nubie-Inférieure.

ce dialecte enfin, entièrement différent de l'arabe, sont faits pour attirer l'attention de l'observateur qui cherche à retrouver en Égypte les débris de cette antique population, des mains de laquelle sortirent les pyramides et les immenses palais encore debout.

En comparant les formes de ces Nubiens avec celles reproduites par milliers sur tous les monumens, on remarque une ressemblance frappante; peut-être ces hommes affables, et au langage doux, comme leurs mœurs, sont-ils les purs rejetons de l'ancienne race : curieuse étude que de rechercher, au milieu de cette Nubie, à côté des temples dont le sol est couvert, les restes du peuple qui leur donna jadis naissance! Espérons que les immenses travaux de Champollion déchireront un large lambeau du voile sous lequel sont encore cachés ces temps perdus dans la nuit des siècles.

L'Egypte, au dessus du Caire, est d'un aspect bien différent de celui qu'elle présente dans toute sa partie inférieure : à des rivages bas, en effet; à des plaines sans bornes succèdent, depuis le Mokatan, de hautes rives et une vallée encaissée entre les chaînes libyques et arabiques, et puis une nature plus chaude, des habitans plus bruns, plus indépendans, et moins pauvres, à mesure qu'ils s'éloignent davantage du centre de la corruption et de la tyrannie.

Je me rappelle toujours avec un nouveau plaisir cette eau rouge de l'inondation, coulant rapidement et tourbillonnant près des rivages; ces bords, taillés à pic à vingt ou trente pieds au dessus du lit naturel du fleuve, et s'écroulant en grandes masses, de distance en distance, sous l'action érosive des eaux; ces trombes d'air et de poussière se promenant de tous côtés dans la campagne; ces immenses plaines que terminent les montagnes à l'horizon; puis ces groupes de dattiers couronnant les villages en terre noire, répandus sur les bords du Nil; ces vols de pigeons, tous ces jolis oiseaux de rivage et ces populations qui accompagnaient notre marche pénible. De semblables tableaux laissent dans le cœur des souvenirs délicieux; aussi, quand une fois on a visité ce pays magique, conserve-t-on le vif désir d'y retourner.

Le *Luxor* continuait cependant sa route avec persévérance; chaque jour il quittait, de grand matin, son mouillage de la veille, pour cheminer jusqu'à la nuit tombante, qu'il jetait l'ancre de nouveau pour recommencer le lendemain.

Je ne parlerai pas de tous les incidens nautiques d'un semblable voyage; des échouages du *Luxor* sur les bancs que déplace l'inondation; des positions critiques et tout à fait particulières où se trouva ce bâtiment? tous ces obstacles furent vaincus par la persévérance d'un équipage infatigable et les talens de celui qui le commandait. Sa modestie me permettra d'être ici l'écho de tous ses compagnons dans cette campagne, en rendant un hommage public à son désintéressement, à son dévouement, à son mérite et à sa bienveillante délicatesse, qui lui a fait de chacun de ses officiers un véritable ami.

Le 25 juillet, le *Luxor* mouilla devant Siout, capitale de la Haute-Egypte, où réside le gouverneur; le capitaine Verninac, accompagné de l'état-major, fut lui rendre une visite, et lui offrit quelques présens de la part du gouvernement français. Chérif-Bey nous reçut avec toute la politesse d'un Européen, dont il a beaucoup pris les usages et la tournure d'esprit.

Après avoir reçu ses offres de service et présenté notre firman, nous reprîmes le chemin du Luxor, et mîmes immédiatement à la voile pour continuer notre route; c'était le 26 juillet, au matin.

Au dessus de Siout, le Nil présenta beaucoup plus de difficultés de navigation, qu'il n'en avait offert jusque-là; cependant, le 6 août, nous n'étions qu'à quelques lieues seulement du fameux temple de Denderah, d'où fut extrait le zodiaque de ce nom.

Ce jour donc, il était sept heures du matin, le bâtiment côtoyait un rivage tout à fait plat; sous une faible brise, il refoulait le courant avec nonchalance, lorsqu'on aperçut un crocodile échoué près du bord, et s'agitant de manière à laisser voir sa queue et son dos : nos pilotes en conclurent qu'il était certainement blessé; aussi l'un d'eux sauta-t-il vivement dans le grand canot, en criant *timsaâ* (crocodile)! Bientôt l'armement fut complété, et l'embarcation se dirigea sur le monstre; plusieurs coups de fusil lui avaient déjà été tirés du bord. A l'arrivée des nôtres, l'animal fit des efforts inouïs pour se soulever et mordre quelques uns des matelots qui le lardaient à coups de piques et de haches d'abordage; mais l'adresse de l'homme déjouait sans cesse la force brutale; percé de toutes parts, l'amphibie vivait cependant encore : alors un matelot fait un nœud coulant, le lui lance de loin sur la tête, puis, le faisant glisser avec adresse, lui saisit le cou; aussitôt les avirons se mettent rapidement en mouvement et font marcher le canot, tandis qu'on attachait à l'arrière l'autre bout de l'ingénieux lacet : le crocodile se trouvait ainsi à la remorque, et fut bientôt rendu le long du bord, où, en le hissant au bout d'une vergue, on l'amena sur le pont.

Couvert de blessures profondes, percé de deux balles, étranglé et traîné pendant un quart de lieue dans l'eau, cet animal avait cependant encore un reste de vie à son arrivée, et nous pûmes le considérer tout à notre aise, les flancs lui battant encore; il mourut quelques minutes après. M. Angelin, chirurgien-major du Bâtiment, le dépouilla pour en doter le Musée de la marine, à Toulon, où il est maintenant.

Pendant toute cette expédition, le *Luxor* n'avait point arrêté sa marche : il allait si lentement, bien

qu'il eût toutes ses voiles dehors, que le canot
nous avait rejoints sans peine. Le combat fini,
chacun se disposait à remettre son fusil dans l'é-
tui, lorsque nous aperçûmes, à une très grande
hauteur, un vol de cigognes, espacées entre elles,
et tournoyant en cercle; elles étaient si loin, qu'on
ne pensait point à les tirer. Cependant le capitaine
Verninac, dont le fusil était encore chargé, en dési-
gnant celle qu'il ajustait, tira avec une telle adresse,
ou un tel bonheur, que la cigogne descendit du haut
des airs; c'était un de ces coups inouïs : l'oiseau
tomba dans le champ, près des bords; aussitôt,
le pilote Ibrahim, qui était plus qu'à demi-pois-
son, par son agilité dans l'eau, s'y jeta immédiatement, et fut pour s'emparer de la malheureuse
bête, mais il trouva la place bien gardée : la cigogne, au long bec emmanché d'un long cou,
ayant seulement l'aile cassée, faisait sans cesse
face au barbarin nu, qui n'approchait qu'avec
beaucoup de précautions, sous peine de se faire
cruellement blesser. Cette scène, dont nous fûmes
témoins, excita une hilarité générale à bord, surtout lorsque notre homme, impatienté de n'en
pouvoir venir à ses fins, prit une poignée de

poussière et la lança dans les yeux de la cigogne, qui, aveuglée, se laissa alors saisir sans résistance. Nous admirâmes encore cette fois, et nous en avions souvent l'occasion, une des ruses, que ces hommes, livrés à eux-mêmes et à la nature, mettent en jeu pour triompher des obstacles qu'ils rencontrent à chaque pas.

Je termine là ces petits incidens de notre voyage, pour arriver à Denderah, et de là à Thèbes, douze lieues plus haut.

Le *Luxor* se trainait péniblement sous une faible brise, tombant de plus en plus; les ruines de l'ancienne Tintyris nous apparaissaient au travers des bois de Doum, dont le rivage était bordé, et nous brûlions d'envie de les visiter. C'était le premier temple qui se trouvât sur notre route; aussi appelions-nous le calme de tous nos vœux. Il ne se fit pas long-temps attendre : l'on mouilla.

Comme le vent pouvait s'élever d'un instant à l'autre, nous partîmes en toute hâte, le fusil sur l'épaule, pour aller repaître nos regards avides de ce magnifique spectacle. Oh! que je voudrais pouvoir donner une idée d'une si belle chose! que je voudrais pouvoir faire passer dans l'imagination de mes lecteurs les vives impressions que nous ressentîmes en face de ces admirables colonnes aux dimensions colossales, entièrement couvertes d'hiéroglyphes le plus finement ciselés; en face de ces chapiteaux couronnés par quatre têtes d'Isis, accompagnés de draperies pendantes, de ces longues lignes droites des architraves, et de ce grand zodiaque peint en deux bandes au plafond du portique! Allez donc, allez donc, artistes et hommes de loisir, hâtez-vous de courir vers ces magiques contrées; car, un jour plus tard, le sol d'Égypte pourrait s'entr'ouvrir sous ces merveilles, et vous ne les auriez pas vues. Si des voix nationales viennent réclamer pour nos productions architecturales, je répondrai toujours : Partez, allez sur cette terre de géans! et comparez, si vous l'osez, ses ruines aux créations bâtardes de nos jours!

Le calme se prolongea deux jours : nous eûmes donc amplement le temps de satisfaire notre curiosité; puis la brise se leva, et le *Luxor* entreprit sa dernière étape, le 10, au matin.

La fin en fut des plus rude : avant d'arriver à Thèbes, le Nil fait un coude immense, où les vents sont toujours contraires. Nous nous disposions à employer notre moyen ordinaire de nous tirer péniblement sur des cordes, lorsqu'arriva à notre rencontre le *nazer*·, du district duquel relève Luxor. Les saluts d'usage terminés, Mehemet Aga, c'est son nom, fit appeler ses gens, leur donna des ordres, et deux heures après, arrivèrent sur le rivage les populations de trois ou quatre villages; trois cents hommes environ étaient présens lorsqu'on leur mit dans les mains la corde qui devait servir à traîner le Bâtiment; tous ces malheureux Arabes se transformèrent donc en autant de bêtes de somme, et depuis deux heures après midi jusqu'à deux heures du matin, ils nous firent franchir le fameux coude de Gamoulé.

Je n'essaierai point de retracer tout ce qu'ils eurent à souffrir de la part des Turcs qui les faisaient marcher; le cœur nous en saignait : cependant qu'y faire? Nous avions beau les exhorter à être plus humains, nos observations, loin d'être com-

·Nom d'un des employés secondaires du gouvernement d'Égypte.

prises, excitaient leur hilarité : on voit bien, nous disaient-ils, que vous venez d'Europe ; mais autres gens, autre méthode, et sans une courbache l'on ne tirerait aucun parti de tous ces hommes-là. Quant au nazer, Mehemet Aga, il était d'un caractère fort humain : par malheur, dans cette circonstance, étant resté à bord, il avait confié la conduite de la remorque à quelques uns de ses gens, qui croyaient se faire d'autant plus valoir qu'ils frappaient plus fort et plus souvent. Mehemet Aga est un des hommes que nous distinguâmes parmi les Turcs : d'une taille moyenne, le visage maigre et sans barbe, le nez fort grand et aquilin ; beaucoup de dignité dans toutes ses manières ; un jugement sain : tel était notre bon ami le nazer. Pendant tout le temps de la campagne, il n'a cessé de nous combler d'attentions de tout genre, et c'est avec infiniment de plaisir que nous nous rappelons de lui.

Luxor était en vue : nous y arrivâmes le 14 août, à huit heures du soir. La nuit nous cachait le village, et malgré notre impatience, nous ne pûmes distinguer qu'une silhouette bien imparfaite des lieux que nous devions habiter. L'ancre était à

peine au fond, que nos compagnons de l'avant-
garde arrivèrent sur le rivage, et nous reçurent
avec tout le plaisir qu'éprouvent des amis au milieu d'un pays de sauvages.

Le lit du *Luxor* était prêt et couvert par les
eaux de l'inondation ; des balises en indiquaient la
place : on s'occupa dès le lendemain d'y entrer,
puis on s'y amarra par quatre cordes, de manière
à ne plus pouvoir bouger. Le Bâtiment alors présentait son avant à l'obélisque, de telle façon que
les trois mâts étaient dans le même alignement
que lui. Les eaux du Nil se retirant, il resta à sec
et se trouva dans une position tout à fait propice à
l'embarquement du monolithe.

C'est ici le lieu de donner une explication de la
planche qui porte le nº 1 : elle reproduit le village
du Luxor sur une échelle très petite, il est vrai,
mais qui n'en est pas moins exacte. Il est, comme
on peut le remarquer, d'une aridité sans égale :
pas un dattier ne couronne ses maisons carrées,
surmontées de pigeonniers ; pas un arbre n'y vient
apporter un peu d'ombrage. Des cahuttes bâties en
terre noire et devenues grises par l'effet de la chaleur s'y groupent autour des ruines du palais,

dont les restes dominent encore ces habitations.

Vers le milieu du village s'élèvent deux obélisques de chaque côté de la porte du palais com-
prise entre les deux propylées [1]. Plus loin, et à
droite, sont quatorze colonnes disposées sur deux
rangs : elles portent la fleur du lotus ouverte pour
chapiteau et sont d'environ neuf pieds de diamètre.
Toutes leurs surfaces sont couvertes de figures
hiéroglyphiques dont le temps a presque détruit
les couleurs : elles n'en sont pas moins imposantes
et par leur masse et par leur pureté de style. L'i-
solement dans lequel elles sont de toute construction récente, isolement qui permet à la vue de
les projeter à nu sur le ciel, contribue beaucoup
à faire ressortir dans toute sa force la grande pen-

---

[1] Comme le mot propylée est connu de peu de personnes,
je crois utile de donner une idée de la position et de la
forme du genre de monument qui porte ce nom.

La façade d'un palais égyptien est formée, par les flancs,
de deux énormes bastions carrés, longs, à murs inclinés.
Ces bastions, couronnés d'une corniche, et garnis de bour-
lets sur tous leurs angles, sont ce que l'on nomme les *propylées*; rapprochés l'un de l'autre par une de leurs petites
extrémités, ils comprennent la porte d'entrée : à cet effet,

sée qui présidait à l'architecture égyptienne. La planche n° 11 donne une vue plus détaillée de cette colonnade.

On peut apercevoir, Pl. 1, toujours sur la droite, une autre colonnade plus petite. Cet ordre, évidemment moins grandiose et moins élégant que le précédent, avait le bouton de lotus de la Haute-Égypte, c'est à dire le bouton cannelé pour chapiteau. Le fût, d'environ six pieds de diamètre, est beaucoup plus court que dans l'ordre précédent ; quatre rangées de ces colonnes sont disposées les unes derrière les autres, et raccordées avec l'axe général du palais. Enfin, viennent les appartemens des souverains, à l'époque où Thèbes florissait : c'est là que nous fixâmes notre habitation.

ils sont réunis, à partir du tiers de leur hauteur, et jusqu'en bas, par un mur solide, dans l'épaisseur duquel est pratiquée une haute porte. Le mur de jonction est couronné lui-même d'une corniche semblable à celle des propylées. C'est en avant et de chaque côté de cette porte que se plaçaient les obélisques et les colosses. On trouve dans la brochure de M. Champolion-Figeac, intitulée l'*Obélisque de Luxor transporté à Paris*, une planche qui donne très bien l'idée de la façade du palais de Luxor.

A droite du village, et sur un plan plus rapproché, paraît un bout du Bâtiment démâté et
couvert de nattes. La partie que l'on aperçoit est
l'avant, tourné vers les obélisques; c'est celui de
droite qui a été enlevé : pour cela, abattu, traîné
vers le navire, et introduit dans la cale par une
ouverture. Je ne m'étends pas davantage ici sur ce
sujet, parce que les planches suivantes nous fe-
ront bien mieux comprendre tout le travail. Les
plantes qu'on voit sur le premier plan sont des
tamarix, arbustes aux feuilles filiformes, et formant des touffes ou panaches. Cet arbre, originaire
des pays chauds, acquiert, en Égypte, une très
grande taille; il n'est pas très rare d'en voir dont
le tronc est gros comme le corps d'un homme.

Le village de Luxor, comme nous l'avons dit,
est bâti en terre noire du limon du Nil. Ses maisons, carrées, plus étroites en haut qu'en bas, n'ont
que le rez-de-chaussée et un pigeonnier au dessus.
Ces pigeonniers ne sont autre chose que la partie
supérieure de la maison, bâtie avec des pots au lieu
de briques; ils sont simplement recouverts de manière à garantir leurs habitans de l'ardeur du soleil et des faucons. On croirait, d'après cela, que

les Égyptiens sont de grands mangeurs de pigeons,
et l'on se tromperait ; leur but est purement com-
mercial ; et c'est pour se procurer la fiente de ces
oiseaux, engrais précieux et fort cher en Égypte,
qu'on se donne la peine de les élever en si grande
quantité.

Le village de Luxor ne se borne point à la silhouette que présente la planche ; il s'étend par
derrière la colline, de manière à former une bande
assez large, parallèle au fleuve. Des rues, dont
quelques unes sont spacieuses, mais la plupart
fort étroites et fort sinueuses, le sillonnent dans
toutes les directions ; des chiens, presque sauvages, habitent le dessus des cabanes, et font
une garde continuelle, dont les cris d'alarme sont
des aboiemens étourdissans. Ce chien, comme
race, est un animal fort curieux ; son museau
pointu, ses oreilles à demi cassées, son râble
mince, ses longues pattes, son long poil, sa queue
touffue et tombante, en font certainement une
espèce bien tranchée.

Parmi les bâtimens de Luxor, il en est un représenté par la Pl. 12, qui, je pense, présentera
quelque intérêt : c'est un four à incubation. Cette

construction se compose d'un corridor intérieur,
sur lequel s'ouvrent les portes de petits cabinets, à
environ trois pieds au dessus du sol; ces portes
sont fort étroites. Chacun de ces cabinets est voûté;
le parquet est en terre du Nil, et porte un trou
d'un pied de diamètre dans son milieu, par lequel
on met les œufs dans une espèce de double plancher, qui se trouve alors presque au niveau du
sol. Ce trou est d'ordinaire fermé par une couverture de laine; tout autour de lui, à une distance d'environ deux pieds, est une rigole pratiquée dans l'épaisseur du plancher supérieur, laquelle rigole contient un mélange de crottin de
mouton, de paille hachée et de nitre. Ce mélange,
par sa combustion constante et très lente, entre-
tient la chaleur voulue dans le double fond, pour
que les œufs fructifient. Ces fours travaillent au
printemps principalement, et produisent une très
grande quantité de poulets; il en existe où l'on
fait jusqu'à dix mille œufs à la fois. C'est une
chose fort amusante que de voir ces couvées fac-
tices sortir de leur trou, et former, en peu d'instans, une multitude de petits poussins. Les habitans ne les achètent qu'au bout de deux ou trois

jours, parce que quelquefois, dans ce laps de temps, il y a une mortalité assez considérable. La manière ordinaire dont s'achètent ces poulets paraitrait presque une mauvaise plaisanterie, si le fait n'était parfaitement avéré. Pour un boisseau de blé, on reçoit le même boisseau plein de poulets : l'on pense bien qu'on ne laisse pas trop longtemps ces infortunés entassés les uns sur les autres; et cette opération de mesurage ne semble leur faire aucun mal.

Le marché de Luxor se tient le vendredi, sur une place intérieure, à l'extrémité gauche. Les Arabes des villages voisins, les abadés, peuplade nomade habitant les marges du désert (Pl. 17), viennent y apporter les produits de leur industrie, tels que des nattes, des étoffes de poil de chameau, du beurre de vache, de buffle et de brebis; des poteries et autres objets essentiels à la vie. Ces sortes de marchés ont un aspect fort original : des femmes arabes étalent par terre leurs marchandises, et président à leur vente, accroupies au milieu de la poussière, et recouvertes de leurs grandes chemises bleues et d'un voile de même étoffe, dont elles se cachent la figure. Ici se trouve un marché aux ânes, monture fort employée et fort utile en Égypte; là est un boucher qui a tué un buffle ou quelques moutons, dans l'espérance de les débiter par l'affluence du monde. Sa boutique, établie à l'ombre, le long de quelque mur délabré, au dessus d'un terrain encore inondé de toutes les immondices des entrailles, et couverte d'un nuage de mouches, est d'un aspect à faire renoncer pour jamais à en approcher; des mendians en haillons, des enfans tout nus, des Arabes drapés de leurs grandes mantes de laine; de vieux prêtres au turban vert, comptant sur les dons des fidèles et des filles publiques, à la démarche effrontée, s'agitent en tous sens, au milieu des chameaux couchés, des rangées de marchandes, des chiens et des ânes endormis. Ces scènes, couvertes d'un soleil ardent et d'une poussière impalpable, font de ces sortes de marchés tout ce qu'on peut voir de plus étouffant. Que de pensées philosophiques naissent au milieu d'un semblable spectacle! que d'intérêt l'on trouve à établir ces échelles des besoins et des jouissances humaines!

En traversant le village, si l'on jette un coup-d'œil sur la campagne, à l'est, on aperçoit une plaine immense, couverte çà et là de groupes de mimosas et de dattiers, et terminée par la chaîne arabique.

Une espèce de graminée, de paille ressemblant à du jonc, a envahi une grande partie de cette terre fertile, inactive faute de bras. Quelques sentiers brillans de lumières serpentent au milieu de ces terrains livrés au plus entier abandon.

On ne peut, du reste, guère donner une idée générale sur l'aspect de la campagne en Égypte; car il est fort varié, suivant les diverses saisons de l'année. A l'époque de l'inondation, tout pousse, tout devient vert; puis, une végétation puissante se faisant jour, les champs ne sont plus bientôt qu'un jardin couvert de fleurs. Ici le doura balance, au sommet de sa longue tige en roseau, la pomme aux grains serrés, qui nourrit chaque jour le malheureux Arabe; plus loin, ce sont le maïs, les fèves, les lentilles, le blé, les cannes à sucre, et l'indigo. A ce brillant tapis des guérets, succède bientôt le jaune de la maturité; puis vient la récolte, puis une affreuse aridité se répand sur le limon fécondateur. Alors la terre, privée d'eau par le retrait de l'inondation, exposée aux rayons d'un soleil ardent, s'entr'ouvre, se fend de toutes parts, et donne l'idée la plus désolante de la mort physique.

Si nous jetons nos regards vers le nord, ce seront les ruines de Karnac, qui, entourées de nombreux dattiers, nous montreront leurs hauts propylées au dessus de leurs cimes touffues. Ce palais de Karnac, situé à environ un mille de Luxor, était réuni à ce dernier par une allée contenant dix-huit cents sphinx de chaque côté. Leur presque totalité est enfouie ou mutilée. A propos de l'immense masse de ruines qui bornent en ce moment notre horizon, nous dirons quelques mots des monstruosités architecturales qui s'y rencontrent. La grande et belle porte dont je donne la figure dans la planche n° 8 se perd, pour ainsi dire, au milieu des décombres entassés de toutes parts. La salle hypostyle du palais, une seule salle, a près de cinquante mille pieds carrés de surface ; elle contient environ cent cinquante colonnes, parmi lesquelles celles qui forment la rangée du milieu ont douze pieds de diamètre sur près de quatre-vingt-dix pieds de fût. La fleur de lotus, qui leur sert de chapiteau, peut contenir facilement cent hommes debout sur l'ouverture de son calice; et les pierres formant l'architrave, c'est à dire joignant une de ces colonnes à sa voisine, pèsent environ cinquante mille kilogrammes chaque : ces blocs énormes sont, du reste, répandus à profusion. Que conclure de pareils travaux, si ce n'est que les Égyptiens étaient fort avancés en mécanique, puisqu'ils remuaient de semblables pierres avec une aussi grande facilité? Par quels moyens hissait-on ces masses au haut de ces colonnes gigantesques, c'est ce qu'il est impossible encore, je crois, de bien articuler; mais, ce qui paraît positif, c'est que la poulie était bien connue des anciens. Quelques personnes, ingénieuses à expliquer les faits, même par les hypothèses les plus absurdes, avaient dit, qu'à mesure que la bâtisse d'un palais s'élevait, on la remplissait de sable, de manière à être toujours de plain-pied; mais cette opinion a bientôt croulé devant les faits établis par Champollion : on travaillait aux palais pendant le temps même que les Pharaons les habitaient.

Une chose qui surpasse l'imagination est l'innombrable quantité de sculptures recouvrant les parois extérieures et intérieures de tous ces vastes

édifices; on ne saurait vraiment s'en faire d'idée :
de grandes batailles, des cérémonies religieuses,
des scènes industrielles et agricoles, sculptées en
relief très bas, et coloriées avec infiniment de goût,
couvrent en entier chaque face de mur, tant vaste
qu'elle soit. Partout où il existe des vides dans ces
divers sujets, on les a remplis d'écriture hiéro-
glyphique, qui, tout en complétant le sens, donne
à l'ensemble l'aspect d'une immense dentelle co-
loriée. Notre porte de Karnac, quoiqu'en petit,
offrira une représentation de ce genre de décoration, qui est prodigieuse d'effet. Bien des artistes,
au premier coup-d'œil, reprocheront aux Égyptiens des fautes de dessin, leur diront que leurs
poses sont forcées; mais qu'on observe que le
but des anciens a été l'effet monumental, qu'on
parte de cette donnée, et l'on verra bientôt de
menus détails de perspective être sacrifiés à
une idée bien plus vaste, celle de produire
une grande impression : c'était là le secret à trouver, et les Égyptiens y sont parvenus. Joignez
à cela cette idée, déjà émise par Champollion, que
le grand n'existe que dans le grand, et l'on aura
les bases sur lesquelles se sont fondés les anciens

pour remplir d'admiration et d'un saint respect tout homme approchant de ces demeures sacrées.

Si nous revenons aux environs du village, nous y trouverons, dispersés, des troupeaux de moutons et de buffles; nous y admirerons l'instinct qui conduit ces animaux, vers le milieu du jour, sur les bords du fleuve, où ils se couchent dans l'eau presqu'en entier, et se soustraient ainsi à la chaleur; puis nous les verrons, sur les quatre heures du soir, quitter leur bain et retourner aux champs, où les attend leur dernier repas. Les chiens suivent aussi ces régles hygiéniques, et viennent aux mêmes heures demander asile au fleuve bienfaisant.

Luxor contient environ huit cents ames; sa population se compose d'Arabes égyptiens (Pl. 17), plus quelques Coptes, tous à peu près chrétiens. Ces derniers ne font guère que le métier d'écrivains ou d'employés; cinq ou six Turcs, dépositaires de l'autorité du pacha, y font sentir leur morgue et leur despotisme; il serait fort long et fort douloureux d'avoir à retracer les actes de barbarie exercés de temps à autre, par ces Turcs, sur les infortunés Arabes. On sent vraiment tout le poids de leurs chaînes, lorsqu'on rencontre ces

malheureux, dont on a coupé le nez, pour assou-
vir souvent une basse vengeance; il est, du reste,
impossible de se figurer quelle force d'ame déploient ces hommes lorsque la fureur turque vient
à se déchaîner contre eux. Ils supportent parfois
cent coups de courbache sous la plante des pieds,
avant de laisser échapper un seul cri de douleur;
parfois des meurtrissures profondes sillonnent leur
chair; mais parfois aussi la nature physique ne
peut plus résister aux atroces souffrances dont on
les accable; seulement alors ils laissent échapper
les accens du désespoir. Les Turcs restent, en
général, fort impassibles à ce triste spectacle; ils
semblent regarder frapper une pierre : la bouffée
de tabac ne sort de leur pipe ni moins régulièrement, ni moins abondamment qu'à l'ordinaire; et
les grains de leur *passe-temps* ne mesurent pas les
espaces plus courts pendant le supplice qu'avant le
commencement de l'exécution.

On rencontre parfois, parmi ces Arabes tenus sous
le joug le plus pesant, des hommes trempés de la manière la plus forte, des caractères de fer, des ames
ardentes, et un courage que le désespoir rend su-
blime.

Pendant notre séjour à Luxor, nous vîmes la fin
malheureuse d'un drame où un Arabe de Kourna
joua le principal rôle. Cet homme, nommé Mamouth, sentait toute l'horreur de sa position :
ennemi né, par conséquent, de tout ce qui revê-
tait l'habit turc, il s'était mis tout seul en guerre
ouverte avec ses tyrans; les tombeaux, les grottes,
les montagnes, étaient ses habitations ordinaires,
car il était presque traqué comme une bête fauve.

L'indépendance de son caractère, l'influence qu'il
avait sur tous ceux qui l'entouraient, le faisaient
justement redouter du gouvernement turc; aussi
ce dernier mettait-il en jeu tous les ressorts pour
s'emparer de cet homme extraordinaire. Se cachant
un jour dans la fente d'une architrave d'un palais
antique, il fut vu au moment où il y entrait;
bientôt la milice turque le cerna, et tous ses efforts
ne purent le soustraire aux mains qui l'attendaient. A peine saisi, le bruit de sa capture se
répandit avec la rapidité de l'éclair dans toute la
plaine, et en un instant, hommes, femmes, enfans, sortant du fond des tombeaux où ils habitent,
poussèrent des cris et coururent à sa défense. Cependant les Turcs, après avoir garrotté Mamouth,

le conduisaient en toute hâte vers le Nil, où ils espéraient trouver une barque qui pût les mettre en sûreté contre l'animosité de ses amis; ils avaient surtout à redouter cinq chefs arabes à cheval, traversant la plaine à bride abattue, la lance au poing, lorsqu'un petit bateau se présenta par le plus grand hasard : les Turcs alors, s'en emparant de vive force, y jetèrent leur victime, qu'ils enlevèrent ainsi au courage de ses défenseurs. Mamouth fut plongé dans les cachots les plus noirs, serré par les fers les plus étroits; puis, sous prétexte de le juger, on l'envoya à Kenné, capitale de la Mamourerie, à douze lieues de Luxor. Nous apprîmes que le jugement avait eu lieu et l'acquittement prononcé, ce qui voulait dire qu'on avait pris soin à l'avance qu'il n'en pût profiter : il était mort martyr.

En revenant sur l'origine de la capture de Mamouth, nous dirons qu'elle est vraiment extraordinaire, car il se fait toujours, de la part des Arabes, la surveillance la plus minutieuse. C'est surtout à l'époque où le pacha fait ses recrues, que leurs moyens de s'y soustraire ressortent avec plus de force et d'intérêt; il se passe même des faits presque incroyables, si la peur de devenir soldat n'était pour un Arabe un sentiment capable de lui faire tout entreprendre. Lors donc qu'au Caire le bruit d'une levée court, cette nouvelle vole de bouche en bouche, et passe ainsi de village en village avec une immense rapidité; on a vu, de cette manière, les habitans de Thèbes la recevoir au bout de deux jours : il y a cent vingt lieues. Cette manière de faire parvenir la gazette, en se la criant de loin, est certainement fort ingénieuse et d'une grande utilité pour les réfractaires, qui vont alors chercher asile dans les chaînes libyque et arabique. Les tombeaux de la Nécropolis de Thèbes sont un véritable trésor pour les villages compris dans un rayon de dix lieues environ, car leurs habitans y trouvent des caches d'autant plus sûres, qu'au moyen de souterrains se communiquant tous entre eux, pendant trois et quatre lieues, et dont ils ont découvert les issues, ils peuvent presque toujours se préserver de l'approche des bandes de Turcs qui parcourent la plaine.

Une fois, pendant notre séjour à Luxor, nous eûmes ce spectacle curieux : près de quinze cents

à deux mille hommes, provenant des villages environnans, s'étaient rassemblés sur la rive gauche
du Nil, en face de notre maison; là, des senti-
nelles, postées sur le dessus des temples les plus
élevés, faisaient le quart, et devaient avertir, à
l'arrivée du moindre habit turc, tous leurs compagnons, qui, répandus dans la plaine, jouaient
à divers jeux; ou bien réparaient, par un frugal
repas, la fatigue de la veille. C'était vraiment
quelque chose de fort amusant, que l'apparition
d'une bande de milice au milieu de ce troupeau
de fugitifs : on le voyait se disperser en un clin
d'œil; chaque tombeau, chaque crevasse de rocher, chaque chemin escarpé devenaient un abri,
et la tournée ne ramenait jamais personne. Et
comment faire, il est vrai, pour s'emparer de
ces hommes, habitant pendant le jour le haut des
roches, et descendant, la nuit, manger dans les
champs quelques fèves crues, quelques épis verts?
Aussi l'autorité se voyait-elle réduite à les abandonner au bout d'une quinzaine, et souvent même
ne s'en tirait-elle pas sans avoir perdu du monde,
car les Arabes sont tous armés de trois ou quatre
lances qu'ils jettent fort loin et fort juste.

Si l'Arabe a de la force d'ame, de l'indépendance dans le caractère, de la patience, et le courage de souffrir d'atroces douleurs sans se plaindre, il a, d'un autre côté, quelques défauts, et aime surtout beaucoup à s'approprier le bien d'autrui : dirons-nous que les Égyptiens sont naturellement enclins au vol? non; leur pauvreté les absout vraiment presqu'en entier de ce vice, car ils sont d'une misère que rien n'égale : nous conviendrons, cependant, qu'ils ont poussé la hardiesse et la finesse dans leurs moyens de soustraction, au point de passer, dans certaines circonstances, pour de véritables hommes de génie; nous ne citerons point ces tentes, où dorment une vingtaine de voyageurs, et qu'ils dépouillent entièrement, sans que personne ne s'éveille; nous ne parlerons point de leur constance à poursuivre les riches barques descendant le Nil, pour venir, la nuit, les retrouver au rivage où elles se sont arrêtées : bien que dans ces circonstances ils déploient toujours une grande adresse et une grande audace, ces faits sont trop nombreux pour s'y arrêter; nous préférons en raconter un qui nous a toujours semblé remarquable, par la pré-sence d'esprit de l'homme qui y jouait le principal rôle. Un gouverneur du Caire voyageait sur le Nil, et voyageait comme le font les Orientaux, c'est à dire, entouré de toutes les douceurs de la vie : un Arabe qui, du coin de l'œil, avait su apprécier à l'avance la valeur des armes, des pipes et des châles du bey, conçut le hardi projet de s'en emparer. Une nuit donc que, près du rivage, tout dormait dans la cauge, notre voleur se mit à la nage, vint aborder au gouvernail, s'en servit pour monter à bord, se rendit droit à la chambre où dormait notre illustre personnage, et lui enleva tout ce qu'il pouvait avoir de précieux : diamans, sabres, pistolets, cachemires, tout y passa. Le lendemain matin, grande rumeur, force coups de bâton à tout le monde, et rien ne se retrouvait; on se mit en recherches sérieuses, et, quelques jours après, notre voleur fut amené, pieds et poings liés, vers le gouverneur, qui, tout heureux d'avoir son butin, dit à l'Arabe tremblant : « Il faut convenir que tu es un bien hardi voleur!!! tu jouais ta tête!!! Eh bien! continua-t-il, je te pardonne, si tu veux naïvement me raconter la manière dont tu t'y es pris pour en venir à tes fins. — Hélas! bien volontiers, répondit le pauvre diable, à qui l'on avait à l'avance enlevé ses liens : d'abord, lui dit-il, rappelez-vous, monseigneur, que pour dormir vous aviez quitté votre ceinture; elle était donc là, à ce clou; je l'ai prise, et me la suis mise, ainsi, tout autour du corps; puis, j'ai vu vos pistolets et votre yatagan d'or : ils m'ont séduit, et les ai mis, ainsi, dans la ceinture : ce qu'il y avait de plus difficile, hautesse, c'était d'avoir le cachemire qui entourait votre tête; mais, le saisissant par un bout, et tirant légèrement dessus, il s'est déroulé, et même, monseigneur, vous vous êtes mis alors sur le côté, de manière à me tourner le dos : qu'ai-je fait? j'ai mis le turban de votre altesse autour de ma chétive tête, comme ceci; puis, voyant vos boukins de pipes et votre écrin, tout a été soigneusement mis dans cette poche-là, de cette manière; et puis, sortant par cette petite porte (en disant cela, il sortait de l'appartement), j'ai sauté dans le Nil. »

Il avait à peine achevé, qu'il avait disparu sous les eaux, emportant de nouveau, et pour toujours, les richesses du gouverneur, qui, déconcerté, chercha en vain à ressaisir l'Arabe; mais, agile comme un poisson, il avait traversé le Nil avant qu'on eût pu le rejoindre, et s'était enfoncé dans le désert.

A part ce défaut d'escroquerie auquel les Arabes sont sujets, ils sont fort bonnes gens, humains, assez spirituels, et très gais : leurs femmes (Pl. xviii) ont le caractère de toutes celles de l'Orient, imbues de préjugés que la jalousie des hommes a créés; elles se cachent la figure, et regardent comme des prostituées celles qui n'agissent pas de même; aussi sont-elles fort étonnées de voir nos Européennes marcher sans voile et sans masque.

Mais, si d'un côté l'étiquette leur ordonne de soustraire leur visage au regard du public, d'un autre aussi, la coquetterie leur suggère mille moyens de le faire voir, quand il est passable : tantôt c'est un des bords du voile qui échappe tout exprès, et que l'on fait semblant de ne pas pouvoir ressaisir; tantôt c'est la grande balasse pleine d'eau, menaçant de glisser du petit paillasson qui l'asseoit sur la tête, et demandant, par là même, le secours des deux mains; puis mille expédiens, du reste tous fort ingénieux.

Les femmes arabes ont, en général, une constitution forte, l'œil grand et noir, la figure à caractère, et cependant la voix grêle : toutes leurs manières sont aisées ; elles déploient une grace remarquable dans les moindres choses : elles sont paresseuses, assez sales, et fort intéressées.

Le *Luxor* venait d'arriver à Thèbes ; il s'était placé au dessus du lit qui devait le recevoir. Les eaux du Nil ne tardèrent pas à baisser, et le Bâtiment se trouva tout à fait à sec.

Cette position est assez fidèlement représentée par la planche n° 2. Le *Luxor* a encore ses bas mâts, ses mâts de hune, ses vergues et leur gréement ; il ne les garda pas long-temps, car la chaleur vint bientôt nous apprendre que, sous peine de voir nos mâts ouverts et nos cordes brûlées, il était urgent de les retirer et de les mettre dans des lieux frais. Ce travail fut donc exécuté ; et dès lors le Bâtiment se trouva nu : le mât d'artimon seul resta debout.

Le corps du navire était la chose la plus essentielle à bien conserver ; car, avec lui, nous perdions tout ; aussi le capitaine Verninac n'épargnat-il rien pour assurer sa parfaite conservation : des tentes furent établies au dessus du pont ; ce pont lui-même, couvert de nattes qu'on mouillait cha-

que matin; puis, en dehors du bord, de longs
dattiers plantés en terre, et dont l'extrémité supérieure venait se reposer sur le bastingage, formaient
un appentis; on le recouvrit d'un double rang de
nattes. De plus, pour préserver la portion de la
carène ordinairement sous l'eau, on l'avait en-
terrée, et cette terre était soigneusement arrosée
tous les jours, pour y maintenir la fraîcheur indispensable à la conservation du bois. Le gouvernail avait également été enfoui dans le même but;
et le Bâtiment n'offrait plus alors sur la plage que
l'aspect d'une forteresse délabrée, ou bien d'un
immense panier d'osier. La planche n° 3 en donne
une idée exacte : plus de canots, comme l'on
pense; plus de tire-veilles pour monter à bord:
c'était au moyen de deux balustrades accompagnant une grande planche, dont une extrémité
portait à terre et l'autre sur le plat-bord, qu'on
arrivait sur le pont. Cette partie du Bâtiment, exposée à l'air ambiant, était encore à une température assez élevée; mais, si l'on descendait à fond
de cale, on y trouvait une fraîcheur et une obscurité délicieuses, dans un pays où l'on grille au soleil, et où la vue est constamment éblouie par une

lumière intense; aussi allions-nous quelquefois nous plonger dans ces ténèbres.

A l'arrivée du *Luxor* à Thèbes, les travaux de l'obélisque étaient commencés, et déjà la pente du chemin par lequel il devait être amené jusqu'à bord avait été fixée : cette pente était d'un quarantième, et la cale sur laquelle était échoué le navire n'était autre chose qu'un prolongement du chemin général; ce chemin est représenté par les vues 6 et 7 : elles ont été prises après l'enlèvement de l'obélisque; aussi, dans la vue n° 6, voit-on seulement celui qui est resté à Luxor : il est facile de reconnaître, dans la vue n° 7, la continuation de la précédente, et à son extrémité, le Bâtiment vu par l'avant, et recouvert de ses nattes; dans le fond se dessine un hameau sur le bord du fleuve, et par derrière la chaîne libyque, où se trouvent ces fameux hypogées d'où sont sorties tant de merveilles.

Je reviens sur la vue n° 6 : à l'arrivée de notre expédition à Luxor, le chemin qu'elle représente n'existait pas; les deux monticules entre lesquels il est compris se rejoignaient; des maisons arabes recouvraient ce terrain, et s'étendaient jusqu'autour de l'obélisque, dont les faces étaient en partie cachées par les murs adjacens : il a donc fallu acheter toutes ces maisons, les démolir, puis enfin, couper cette éminence jusqu'à y pratiquer le susdit chemin.

C'était au moyen d'Arabes du pays qu'on opérait tous ces déblais : quarante ou cinquante hommes, armés de pioches, étaient occupés à remplir de terre de petits paniers en paille, tandis que des groupes d'enfans des deux sexes, dont la marche se croisait, l'un partant chargé, l'autre revenant à vide, allaient renverser ces mêmes petits paniers à quelque distance de là.

Combien de fois ne nous sommes-nous pas arrêtés à voir ces malheureux, restant, pour quatre sous par jour, au milieu d'une poussière capable de les rendre aveugles; ces enfans, la plupart nus ou déguenillés, allant et venant sous un soleil affreux, charroyant la terre, et, malgré tout cela, chantant sans cesse! Cette gaieté constante faisait réellement une opposition singulière avec la pauvreté de leurs vêtemens. Comme il y avait parmi eux à peu près autant de garçons que de filles, les deux bandes de charroyeurs se formaient par sexe;

aussi les chants et la tenue de l'une d'elles avaient-ils un caractère bien différent de ceux de l'autre. Leurs chansons ont, en général, un refrain bref, que la masse répète en chœur; un coryphée improvise de nouveaux couplets, dont les paroles sont parfois fort libres chez les garçons, tandis qu'ils sont bien plus mesurés, mais toujours parlant d'amour chez les filles : ces chants sont, en outre, accompagnés de battemens de mains et de mouvemens du corps marquant la mesure.

M. Jaurés, officier du *Luxor*, dont nous avons parlé plus haut, avait été chargé de la direction de ces travaux ; aussi l'honneur doit-il lui en rester entièrement; car il y a déployé un zèle et une persévérance, que ni la chaleur ni la poussière épaisse et nitreuse n'ont pu ralentir un seul instant.

L'équipage du *Luxor* ne pouvait rester à bord, avec les travaux qu'on allait y exécuter; il fallait penser à l'établir à terre : une grande salle du palais remplit parfaitement l'office de caserne; de fortes cordes, tendues d'une colonne à l'autre, parallèlement à nos vergues, scellées le long des murs, fournirent un moyen commode de pendre les hamacs : tous les coffres renfermant les effets

des matelots furent rangés bien régulièrement
autour de la salle ; et, quelques jours après, ce
lieu antique, où jadis les Pharaons rendaient la
justice, ou recevaient les leçons mystiques et sa-
vantes des prêtres, leurs illustres conseillers, était
transformé en un quartier de marins français ; des
logemens séparés pour les caporaux et les sergens
furent construits, ainsi qu'une poudrière, une
salle d'armes, un four, une boulangerie, un magasin des vivres, et une cuisine. Les ouvriers pris
dans l'arsenal de Toulon occupaient une autre
petite salle du palais. Restait à loger les officiers ;
on bâtit alors, sur le temple même, c'est à dire
au dessus du logement dont nous venons de parler, de petites chambres les unes auprès des autres ; on avait ménagé une salle à manger, un appartement où l'on recevait les visites, plus une
terrasse : chaque chambre d'officier avait environ
quinze pieds carrés ; ces pièces, ornées des meu-
bles du bord, et d'une espèce de cage en dattiers,
qui servait de lit, avaient un aspect misérable et
peu engageant, surtout quand on voyait sortir des
scorpions des crevasses, des serpens du plancher,
et des geckos, espèce de lézard, courir sur chaque

muraille. C'est cependant dans ces cabinets, entourés de ces compagnons intéressans, que nous vécûmes un an, accablés par une température de 30 à 35° Réaumur, à l'ombre. Toutes nos constructions ne se bornèrent pas là : un hôpital, contenant trente à quarante lits, était d'une indispensable nécessité; on y mit donc la main aussitôt que le logement des hommes en bonne santé fut terminé. A côté de cet hôpital, l'on plaça la chambre du chirurgien-major du bâtiment, ainsi qu'une pharmacie et une chambre d'appareil.

Pour faire face à la vie journalière, nous avions établi un moulin, qui, chaque jour, réduisait en farine le blé nécessaire à la consommation de l'équipage; deux matelots, ayant jadis quitté le sac pour l'aviron, et se ressouvenant admirablement de leur ancien métier, furent chargés des travaux de cet établissement. Un boucher arabe, auquel on avançait quelque argent, allait acheter du bétail dans les campagnes, puis nous fournissait notre viande.

La vue n° 9 reproduit toute notre habitation : à gauche, sont des pigeonniers, bâtis par les Arabes, au dessus de trois des architraves d'une co-

lonnade antique; un peu plus bas, est un long
bâtiment, portant douze fenêtres sur le flanc, deux
portes et deux autres petites fenêtres sur le bout,
plus rapprochées de nous, c'était l'hôpital. En
continuant toujours vers la droite, on rencontre un
trou carré, assez noir, d'où sort la fumée, c'était
une vieille ruine où l'on avait placé la cuisine de
l'équipage; au dessus et un peu en arrière parait
l'extrémité d'un corps-de-logis des officiers; puis
viennent la terrasse, la salle de réception, le logement du capitaine Verninac et celui de l'ingénieur,
M. Lebas : les autres appartemens se trouvaient
par derrière. Au dessous de ce logement de l'état-
major, logement qui, comme je l'ai dit plus haut,
avait été presqu'en totalité construit par nous, paraissent les pierres du palais antique sur lequel il
était assis. C'est dans son intérieur, et à droite,
qu'était caserné l'équipage; puis en bas, et à gauche, tout ce long corps-de-logis blanc, portant cinq
fenêtres, contenait les chambres des maitres ou
sergens faisant partie de l'expédition. Le plan
général de la maison étant à peu près carré, une
grande partie des divers compartimens de notre habitation sont cachés derrière la façade qui se présente

à nous : les petites cahuttes en terre noire qui terminent cette vue sont le produit des délassemens de nos matelots à leurs instans de loisir ; c'est là que chacun d'eux avait établi une petite basse-cour, ou un pigeonnier, ou bien encore un petit jardin, produisant du tabac ou des légumes. On ne saurait croire combien ces petites constructions, futiles en apparence, ont été utiles pour soutenir le moral de nos hommes, lorsque vint la fin des travaux. Ayant alors fort peu d'occupations, tourmentés par une chaleur affreuse, l'inaction complète pouvait devenir pour eux une cause de nostalgie et de maladies de tout genre ; aussi les voyions-nous toujours avec plaisir consacrer leurs momens perdus à faire les jardiniers ou les poulaillers. Au dessus de ces petites cahuttes paraissent quelques têtes de dattiers ; ces arbres appartiennent au jardin de l'état-major : plus tard, nous en donnerons une vue détaillée. Avant d'y arriver, je ferai remarquer que le palais de Luxor était bâti presque sur le bord du fleuve : or, il est un fait bien démontré en Égypte, c'est que les eaux de l'inondation minent le rivage tantôt d'un bord, tantôt de l'autre. Il fallait donc éviter que les terrains supportant ces mas-

sives constructions ne se trouvassent soumis à
cette action dévastatrice, car un éboulement en
devenait un jour la conséquence. Pour obvier à cet
inconvénient, on préserva le rivage au moyen d'un
quai, dont on peut voir encore les restes. Il est
construit en fort belles pierres de grès : la partie
qu'on voit n'est pas d'une époque très ancienne;
mais une extrémité, que n'a pu contenir la planche,
et qui est toute en briques cuites, remonte évidemment au temps de la construction du palais. Au bas
du quai est un bateau du pays, connu sous le nom
de djerme; cette djerme a pendu, le long de son
bord, des nattes pour se préserver du soleil. Sur le
premier plan est un matelot occupé à laver le blé
qui devait être moulu dans la journée; derrière la
djerme se voit une de nos embarcations; c'est là
que nous les avions toutes remisées : la djerme ar-
bore pavillon français, parce qu'elle était à notre
service; elle arrivait, dans ce moment-là, d'Alexandrie; elle avait été envoyée pour chercher diverses
provisions nécessaires à l'expédition. Tous les terrains à gauche sont de limon mélangé de sable, et
où ce dernier prédomine d'autant plus qu'on s'approche davantage des rives du fleuve. Pour donner

une idée plus complète des lieux que nous habi-
tions, j'ai pris une vue de dessus la terrasse, figurée
dans cette planche-ci. Cette vue, que reproduit la
planche n° 13, comprend toute la plaine de Thèbes
en face de notre habitation : la masure, sur le premier plan, est le bout de la cuisine, d'où sort de
la fumée, dans la planche n° 9.

Maintenant, je donnerai une idée du jardin que
nous avions établi pour l'entretien des légumes de
notre table. Prévoyant avant notre départ de France
que, dans un pays loin de toute civilisation, nous ne
trouverions aucune culture d'agrément, nous nous
étions munis d'une forte provision de graines de
tout genre. A notre arrivée sur les lieux, un terrain fut affermé sans délai, entouré de murs, et
ensemencé. Ce jardin était pour nous une source
féconde en jouissances : la disposition des allées, la
forme des plates-bandes, tout était à inventer, et
remplissait on ne peut plus agréablement nos momens de loisir. Il serait difficile de donner une idée
de la végétation en Égypte : ce que je puis citer
comme exemple, ce sont des haricots semés le 1ᵉʳ du
mois, nous donnant des haricots verts le 30 ; ce
sont des graines d'acacias, semés en haie à notre

arrivée, qui avaient produit, au bout d'un an, des
arbres gros comme le bras, et hauts de quinze pieds :
on peut par là se faire une idée de l'intensité de
force vitale de ce pays. La végétation s'y déclare,
du reste, spontanément à tout endroit où de l'eau
vient à humecter la terre aride. Notre jardin étant
sur le bord du Nil, l'arrosage était des plus faciles;
on ne s'y sert point d'arrosoir, c'est tout simplement
un courant d'eau, établi au moyen de rigoles, qui
permet d'inonder chaque plate-bande, qu'on a eu
soin à l'avance d'entourer d'un petit talus. La vue
n° 10 représente l'entrée de ce jardin. Les dattiers
qui s'y trouvent n'ont point été, comme l'on pense
bien, plantés par nous; nous les avons seulement
compris dans les murs d'enceinte. Je voudrais pouvoir, s'il plaisait à mon lecteur, le promener dans
nos propriétés, lui faire visiter nos plantations, il
s'assiérait sur les espèces de bancs naturels qu'offrent les racines de dattiers; il se coucherait à
l'ombre de nos haies de mimosas : je voudrais lui
donner une idée de l'allée que l'on trouve en entrant; de cette petite avenue bordée de chaque côté
par de gros buissons de basilic et de jolis arbustes
d'Éthiopie, chargés de fleurs jaunes et bien odo-

rantes; de ces haies de pavots, de ces tomates et
pois à fleurs, dont les rameaux formaient un en-
tourage à la porte d'entrée; puis de ces essaims de
mouches et d'abeilles de tout genre, bourdonnant
sous un beau soleil autour de ces plantes : il s'ar-
rêterait un moment à considérer les tombeaux de
deux santons, compris dans la muraille, mara-
bouts très révérés dans le village, et où l'on venait
déposer des offrandes; il observerait sans doute avec
intérêt les panaches blancs de la fleur du dattier
mâle, et les milans perchés sur leurs branches,
ou voltigeant au dessus de leur cime : je lui pro-
curerais le plaisir, enfin, de voir couler le beau
Nil, en jetant un coup-d'œil par dessus la haie extérieure; et, pour le dédommager de sa longue course
avec moi, je lui ferais goûter une de ces petites me-
rises aux joues colorées, dont le goût doux et aci-
dulé nous attirait souvent sous cet arbre, qui s'é-
lève au milieu des dattiers, à droite.

Notre société, en Européens, n'était pas bien
nombreuse : au milieu de ce désert de la Thébaïde,
M. Wilkinson était la seule personne que nous
vissions; cet Anglais, remarquable sous tous les
rapports, antiquaire, dessinateur, géographe et

naturaliste, était pour nous une rencontre des plus précieuses; nous mîmes plusieurs fois à contribution sa complaisance : il nous fit visiter ces ruines immenses, où l'on se perd sans un guide, il nous était impossible d'en trouver un plus aimable et plus instruit que lui.

Peu de temps s'était écoulé, quand le choléra se déclara au Caire, et fit fuir, dans toutes les directions, les personnes qui pouvaient le faire; cette émigration nous amena cinq ou six cauges chargées d'Européens, parmi lesquels étaient plusieurs Français; nous les reçûmes de notre mieux : il y avait déjà bien eu des symptômes dans le village de Luxor, mais ils étaient si incertains et si faibles, à côté du fléau dans toute sa fureur, que nos réfugiés se trouvaient encore bien heureux chez nous.

Cependant le choléra avait pris la marche ascendante : il était en pleine activité à Siout, et déjà Luxor comptait quelques morts; il n'en fallut pas davantage pour faire décamper nos fugitifs, et du soir au lendemain, toutes les cauges avaient disparu. Ibrahim Pacha, fils du vice-roi, et prêt à partir pour l'expédition de Saint-Jean-d'Acre, se voyant entravé par le choléra, également à Alexandrie, prit le parti de s'isoler dans une barque, et de remonter jusqu'à la première cataracte; nous le vîmes donc passer devant la maison, le jour qui précéda le départ de tous nos réfugiés, de telle sorte que, quand ceux-ci voulurent remonter pour fuir Luxor, un cordon sanitaire leur barra le chemin : Ibrahim l'avait fait établir à Esné, douze lieues au dessus de Thèbes; force leur fut de redescendre. M. Petit-Pierre, notre agent consulaire au Caire, perdit son fils dans ce retour; à cette époque, les nouvelles de la Basse-Égypte étaient satisfaisantes : le fléau diminuait en intensité; tous nos voyageurs se remirent donc en route pour rejoindre leurs domiciles. Chez nous, au contraire, les accidens se multipliaient : pendant un certain temps, les Arabes seuls succombèrent; quelquefois ils étaient attaqués subitement au milieu des travaux, et tombaient sans avoir la force de faire un pas de plus.

Ce spectacle était déplorable : la contagion, ou l'épidémie, comme on voudra, devait évidemment nous gagner; cela ne tarda pas. Le premier de nos matelots qui fut attaqué tomba tout d'un coup à terre, les membres raides et tendus ; il ne donnait plus aucun signe de vie quand on le porta à l'hôpital. A partir de ce jour, il y eut plusieurs autres accidens : le chirurgien-major, M. Pons son second, ne quittèrent pas un instant nos malheureux cholériques. M. Angelin, qui avait déjà eu l'occasion d'étudier cette maladie sur les côtes de Syrie, la traita à Luxor avec tant de savoir et de bonheur, que pas un d'eux n'en mourut.

Le choléra n'était pas le seul dangereux ennemi que nos médecins avaient à combattre : souvent on voyait trente à quarante hommes à l'hôpital, et la dyssenterie, à elle seule, malgré tous leurs soins, décima notre équipage ; de plus, sans une eau merveilleuse, propriété de notre magasinier, M. Card, plusieurs d'entre nous seraient, à coup sûr, revenus borgnes ou aveugles[1].

[1] L'ophthalmie d'Égypte est une maladie d'autant plus redoutable, qu'en même temps qu'elle cause des souffrances atroces, on risque bien souvent de perdre la vue, par suite des dégâts qu'elle opère. Dire la cause déterminante de ce mal serait, je crois, assez difficile : il apparaît spontanément ; et, bien qu'il se présente avec des symp-

A notre retour, M. Card a reçu du gouvernement une belle médaille d'or, frappée tout exprès, pour les services importans qu'il a rendus à l'expédition, en y guérissant la maladie dont nous nous entretenons. Ces guérisons ont effectivement influé puissamment sur la réussite des travaux, puisque, huit jours après notre arrivée, nous avions déjà dix ophthalmiques à l'hôpital, nombre qui se serait bientôt accru d'une manière effrayante.

Il est difficile de concevoir comment la Faculté de médecine de Paris n'a pas cherché à connaître

tômes d'irritation violente, il est impossible de prévoir à l'avance son invasion.

Le plus ordinairement l'ophthalmie ne se déclare qu'à un seul œil, puis passe à l'autre aussitôt que le premier guérit. Les malades que j'en ai vus affectés jetaient parfois des cris assez aigus pour être entendus de fort loin; c'est, à ce qu'il paraît, à en perdre la tête. D'après cela, il est facile de comprendre les ravages d'une si violente inflammation; et l'on ne doit plus s'étonner d'en voir résulter, dans certains cas, la désorganisation de la cornée et du cristallin, la paralysie de la rétine et même du nerf optique. Eh bien! c'est cependant de cette affreuse souffrance que nous a délivrés l'eau merveilleuse que nous citons.

le secret de cette eau : en dernière analyse, elle fait ce à quoi nos plus illustres médecins n'ont pu parvenir : guérir vite et toujours.

Des centaines d'expériences ont été faites sous nos yeux, je n'ai jamais vu l'eau manquer de réussir, même dans les maladies passées à l'état chronique. Dans le cas de désorganisation de la partie, cette eau n'opère point de miracles : on pourrait citer, cependant, des exemples de taies qu'elle a fait disparaître.

Je veux donner, aux personnes qui s'occupent de ces sortes de collyres, une idée des effets de celui dont M. Card est possesseur, en leur racontant, en peu de mots, une de mes infortunes. Je relevais de la dyssenterie, et reposais, une après-midi : je vis entrer dans ma chambre le capitaine Verninac, suivi d'un ou deux officiers, mes camarades; il tenait, avec des pincettes, un serpent qu'il venait de prendre sur le lit de notre commis d'administration, M. Silvestre : « Voyez, me dit-il, le joli serpent, comme ces deux colliers noirs contrastent bien avec le vert tendre de sa peau ; je vous l'apporte, me dit-il, pour que vous le mettiez dans votre bocal aux reptiles.» Puis il me l'approcha de

manière à ce que je pusse bien le distinguer : je
le regardais fort attentivement, et avais déjà re-
connu en lui la jeunesse de la grande vipère
Haje, l'antique serpent royal des Égyptiens, au
sujet duquel notre Institut d'Égypte fit des expériences, constatant l'énorme puissance de son
venin : le serpent, saisi par le milieu du corps,
me regardait aussi; il était à environ deux pieds
de moi : tout à coup, sa gueule s'ouvre, et je
sens une pluie fine m'entrer dans les yeux; je
les fermai aussitôt, et une horrible cuisson s'y
manifesta instantanément : c'était évidemment du
venin qu'il venait de me lancer : il y avait de quoi
devenir fou, tant l'espèce de fourmillement que
j'éprouvai était violent et irritant ; je ne perdis
cependant pas la tête, et criai au capitaine Verninac :
Ne le jetez pas, mettez-le dans mon bocal. Ma
douleur était insupportable; je ne pouvais ouvrir
les yeux. En cet instant, M. Card parut avec sa
petite bouteille : on hésita sur l'application du collyre, dans ce cas; mais, comme le grand apho-
risme de M. Card est que, si cela ne fait pas de
bien, cela ne peut pas faire de mal, il m'introdui-
sit, entre les paupières, quelques gouttes de son

remède. Je ne saurais définir le mal affreux que
je ressentis : je me tordais sur mon lit, comme
un damné; enfin, au bout d'un moment, cette
souffrance s'apaisa, et je commençai à larmoyer
abondamment. Une matière semblable à du blanc
d'œuf coagulé coula; c'était la liqueur vénéneuse
réduite à l'état concret par l'action de l'eau merveilleuse. Peu de temps après, je fus considéra-
blement soulagé. On m'appliqua, une seconde fois,
du fameux collyre, je m'endormis, et, une demi-
heure après, j'avais les yeux presqu'à leur état
normal.

Cette guérison n'établira point celle de l'ophthalmie, mais elle donne une idée des propriétés as-
tringentes de cette eau; propriétés qui, par leur
action sur les inflammations, les font disparaître
sous quelque forme qu'elles se présentent. Quant
à la guérison de l'ophthalmie, le fait est assez cons-
taté pour qu'il ne soit pas même question de le ré-
voquer en doute.

Le choléra marchait à grands pas à Luxor; mais
il atteignit bientôt le *summum* de sa course; puis
diminua avec promptitude : bientôt, enfin, nous
n'entendîmes plus, nuit et jour, ces espèces de bac-

chanales accompagnant les morts, et nous vîmes disparaître tout symptôme affligeant chez nos marins!...

Évaluation fut faite du nombre d'habitans perdus dans le village; il s'éleva à cent environ sur huit cents, proportion fort considérable.

Je reviens maintenant à la chose principale, et vais parler des travaux préparatoires exécutés près des propylées du palais.

En y approchant, nous verrons, de chaque côté de la porte, un obélisque en granit rose, de soixante-dix à quatre-vingts pieds de hauteur. Ces deux magnifiques monumens, tout couverts d'hiéroglyphes, creusés sur leurs faces, et dont les fonds ressortent en demi-relief, offrent, dans les signes inconnus de l'écriture égyptienne, de vrais chefs-d'œuvre de dessin et de sculpture, et le beau poli qui les recouvre leur donne et plus de brillant et plus de fini à la fois.

La planche n° 4 est tout à fait nécessaire à la compréhension de la machine[1] destinée à abat-

---

[1] Dans le premier armement du *Luxor*, M. Mimerel devait faire la campagne comme ingénieur; il avait donc ar-

tre l'aiguille occidentale ; aussi la suivrons-nous dans ses détails, pour nous aider à saisir le mécanisme mis en jeu dans l'opération.

L'obélisque, à notre arrivée, était debout, reposant simplement sur son piédestal, mais enterré d'une quinzaine de pieds : on le déblaya donc tout autour, on y forma une large excavation permettant l'exécution des travaux ; de plus, ses faces étant recouvertes de beaux hiéroglyphes, pour éviter les dégradations par l'effet des frottemens auxquels elles devraient être soumises, force fut de les revêtir en bois : pour cela, pendant que l'obélisque était encore debout, on coucha à sa surface de grandes planches, longues comme lui, et épaisses de quatre pouces sur quinze pouces de large ; puis on les tint ainsi appliquées en les saisissant avec des encadremens, dont deux côtés étaient en bois et les deux autres en fer, garnis de boulons à

rèté tous les plans de la machine, et les moyens à employer pour embarquer l'obélisque. Au deuxième armement des raisons d'avancement écartèrent M. Mimerel de cette mission ; ce fut M. Lebas qui en fut chargé. Cet ingénieur adopta tous les plans antérieurs, et fit d'autant mieux, que le système d'abattage est d'une grande simplicité.

écrous, pour les serrer fortement. Tout en habillant l'aiguille, on pensa à garnir l'angle inférieur, sur lequel allait se faire la rotation dans l'abattage d'une forte pièce de chêne cylindrique, afin que le granite ne se trouvât pas en contact avec le granite du socle, et que l'arête inférieure ne s'écornât pas. Pour y parvenir, il fut nécessaire d'entailler la base, et l'on agrandit l'entaille de manière à glisser en même temps, sous le rouleau cylindrique de l'angle, une autre pièce creuse du même moule, dans laquelle il venait juste se loger : voilà donc ainsi l'arête inférieure de l'obélisque garnie d'un coussin destiné à supporter la rotation. A quelques mètres en avant du pied était placée parallèlement à cette arête, sur une plate-forme et dans l'angle formé par un mur de notre construction, une énorme poutre, arrondie d'un côté pour tourner; sur elle étaient fichés les pieds des huit grandes bigues que la planche reproduit. Tout ce dont nous venons de parler jusqu'ici n'est point apparent dans le dessin; cela occupe le fond de l'excavation. Ces huit bigues, qui avaient soixante pieds de long sur près de deux pieds de diamètre, avaient leurs bouts supérieurs liés entre eux par de forts madriers, et joints

en même temps avec la tête de l'obélisque au moyen
de fortes cordes, qu'on voit se croiser par derrière
ces mêmes bigues. Ceci posé, on attacha un gros câble
presqu'au sommet du monolithe. Cette corde, dont
on voit seulement un bout sur la droite, allait vers
la plage où étaient les cabestans et les moufles qui
devaient opérer l'abattage : mais on ne voulait pas
une chute trop brusque; il fallait retenir, et c'est
là que les bigues jouèrent le principal rôle. A chacune d'elles on mit un appareil à six cordons, venant se fixer par son autre bout au pied du second obélisque, de telle sorte que ces huit moufles,
retenant l'extrémité supérieure des bigues, empê-
chaient le mouvement de l'obélisque de se faire
trop rapidement. A mesure qu'on lâchait les huit
cordes, les rouets des poulies tournant, tout se dé-
vidait et permettait aux bigues de monter, et à l'o-
bélisque de descendre : voilà donc à peu près en
quoi consistait l'appareil également simple et solide qui devait servir à renverser le colosse marqué au front de l'effigie du grand Sésostris.

Les travaux nécessaires à sa confection avaient
commencé vers la mi-juillet; ils durèrent jusqu'au
31 octobre et furent conduits par maître Hélie,

charpentier-constructeur de l'arsenal de Toulon,
avec un talent, une persévérance et une fermeté
vraiment honorables. Le contre-maître Rebufat l'a
aussi admirablement secondé, ainsi que tous les
ouvriers sous leurs ordres.

Il restait à mettre la machine en jeu, et ce fut
une grande journée que celle où l'on ébranla la
masse pesante sur sa base. Ce fameux jour était cependant venu, et le soleil du 1er novembre 1831
se levait avec cette belle teinte rouge de l'automne.
Déjà l'on s'agitait dans le village : les quatre cents
Arabes qui devaient nous prêter le secours de leurs
bras accouraient de toutes parts sur le lieu du ren-
dez-vous; l'équipage et les officiers du *Luxor*,
auxquels le capitaine Verninac avait assigné leurs
postes dès la veille, y étaient déjà rendus : tout se
disposait, tout se régularisait; toutes les forces et
les volontés se concentraient vers un même point :
des matelots avaient été chargés de filer les cordes
des apparaux; d'autres, aux cabestans, dirigeaient
les Arabes, fort novices dans de semblables ma-
nœuvres : Choisy, maître d'équipage du bord, au
sommet d'un monticule à droite; plus loin, sur
un autre, un second maître, destiné à répéter les

commandemens; tous deux, munis du sifflet maritime, n'attendaient plus que l'ordre de faire entendre le son cadencé signifiant : *Vire!* Pendant ce
temps, M. Lebas visitait tous les postes, s'assurait
de toutes les parties de la machine, et donnait des
instructions à ses ouvriers. Une quantité de monde
s'était rassemblée sur le lieu de la scène : M. Wilkinson, dont nous avons déjà parlé, était venu assister à la grande opération; deux Anglais, voyageurs, se trouvant à Luxor en ce moment, purent
jouir également de ce beau spectacle. Les Arabes
du village, hommes, femmes, enfans, et jusqu'aux
vieux turbans verts, accouraient voir ce qui allait
arriver; car ils doutaient encore, ces braves gens,
qu'on voulût sérieusement se rendre maître d'une
semblable masse.

Cependant il était huit heures lorsque M. Lebas
ordonna de virer. Aussitôt le sifflet perçant se fit
entendre au loin, et toutes les voix répétèrent avec
enthousiasme : *Vire! vire!* Déjà les cabestans tour-
nent, les apparaux de droite se raidissent, et l'obélisque a déjà cédé en partie à l'effort qui le sollicite
par son sommet. Deux incidens vinrent alors donner
des inquiétudes assez graves; les ancres, sur les-

quelles on s'appuyait pour opérer l'abattage, s'arrachaient de la terre, et la grosse pièce en chêne, servant de charnière à la base de l'obélisque, préférait se tordre à la manière d'un linge dont on exprime l'eau plutôt que de rouler dans la gorge où elle était contenue. Il n'y avait pas à balancer, il fallait continuer ; aussi le commandement : *Vire toujours !* se répandit-il jusqu'au bout de la ligne. Enfin, la charnière se meut ; c'était déjà une victoire ; mais les ancres venaient sans cesse, et ne nous laissaient pas tranquilles ; cette crise cessa, car le centre de gravité de l'obélisque sortit de sa base : on n'avait plus besoin de le solliciter à tomber, cela s'opérait dès lors par le fait seul de sa pesanteur. Jusque-là toute l'attention s'était portée sur la droite ; elle se tourna promptement vers la gauche ; on allait raidir le frein qui devait arrêter la masse dans sa chute ; les huit grands apparaux devaient remplir cette tâche. D'abord faible, la composante verticale, qui portait l'obélisque à se coucher, fut équilibrée par le poids seul des bigues et le frottement des cordages. On facilita donc le mouvement en forçant les garans ' à se dévider ; puis l'inclinaison

' Espèce de corde passant dans les poulies.

augmentant de plus en plus, on fut bientôt forcé de retenir ces mêmes garans, dont on accélérait la marche dans les premiers momens. Le revêtement en bois de l'obélisque, s'asseyant dans toutes ses parties, laissait entendre d'énormes craquemens, et lorsque la plus légère secousse avait lieu, une espèce de vibration faisait trembler les bigues. C'est en contemplation devant ces immenses effets dynamiques, et le cœur plein de la plus vive sollicitude, que nous vîmes s'abattre en vingt-cinq minutes cette admirable aiguille de Luxor. A la fin de l'opération, elle reposait sur une éminence destinée à la recevoir; les grandes bigues étaient alors verticales, et, comme fières de leur œuvre gigantesque, elles semblaient, en agitant leurs pavillons tricolores et leurs branches de palmiers au dessus des plaines de la Thébaïde, dire à tous ces colosses répandus au milieu des ruines : Tremblez! car à nous la puissance, à nous la victoire, nous avons terrassé l'un de vos frères!

Qu'on se figure la joie qui suivit une aussi belle réussite; elle était vraiment grande, car les souvenirs des difficultés déjà vaincues se groupaient autour de celles dont on venait de triompher, et que tout remplissait nos cœurs d'espoir en l'avenir. Notre orgueil national était, en outre, flatté, et depuis le bavardage et les terreurs des Arabes jusqu'au silence de quelques spectateurs jaloux, tout nous plaisait, et nous disait : Courage, vous accomplissez de grandes et belles choses.

Il était neuf heures quand on abandonna l'obélisque, reposant mollement sur son monticule de terre. La gravité des circonstances avait aiguisé notre appétit; aussi fîmes-nous honneur au déjeûner qui nous attendait, et auquel prirent part ces trois messieurs Anglais, notre bon ami le Nazer, et un Grec, habitant les tombeaux, nommé Triandaphilon.

Les travaux antécédens avaient été rudes; aussi le capitaine Verninac et M. Lebas donnèrent-ils trois jours de repos absolu à l'équipage, ainsi qu'aux ouvriers; après quoi l'on se remit à l'ouvrage avec plus d'ardeur. L'obélisque abattu, il s'agissait de le conduire au *Luxor*, et, pour cela, il fallait d'abord le faire tourner jusqu'à sa coïncidence avec le chemin. Dans ce but, on enleva le monticule servant de support à la partie supérieure, tandis qu'on soulevait l'inférieure avec de forts apparaux en dessus, et des vis en dessous. Cette opération fut longue et pénible; on en vint cependant à bout, et, à force de soins et de cabestans, l'obélisque se trouva bientôt sur le petit chemin en bois, poli et bien suivé, qui devait le conduire à bord. Je le laisserai un moment dans cette position, entouré longitudinalement d'une forte ceinture, sur laquelle étaient fixés des moufles, mûs par des cabestans, et je rappellerai l'arrivée à Luxor d'un Français, habitant le Caire, nommé M. Vessière. Cet homme entreprenant faisait le commerce d'Abyssinie au milieu de ses peuplades sauvages et guerrières. Il était sorti sain et sauf d'une première incursion, où il gagna 100,000 francs; n'ayant pas assez amassé pour compléter sa fortune projetée, à son retour, il convertit en marchandise une partie de ce gain, puis en chargea une dabié ', et s'achemina de nouveau vers le Sennaar et l'Abyssinie, se confiant à la perfide roue qui l'avait déjà servi. Ce M. Vessière nous parut un fort aimable homme : toute illustration se rattachant au nom français l'intéressait vivement; aussi ne voulut-il pas quitter notre village sans s'arrêter un moment, et pren-

' Espèce de bateau léger du Nil.

dre connaissance des travaux. L'obélisque était déjà
par terre ; il vint lui rendre visite, et de là passa
quelques instans à la maison, puis il nous fit ses
adieux, et partit, afin de rejoindre son bateau, et
profiter du vent favorable qui soufflait. Curieux de
connaître son installation dans une semblable entreprise, et quel genre de marchandise il portait
chez ces peuples éloignés, je lui demandai la per-
mission de l'accompagner, et de jeter un coup-
d'œil sur sa dabié : il fut très sensible à l'intérêt
que je lui témoignai. Nous nous mîmes en route,
et en peu de temps nous fûmes à bord. A notre arrivée, il m'invita à entrer : ce fut après avoir
franchi un grand nombre de balles, répandant un
mélange agréable de tous les parfums d'Orient, que
nous parvînmes à son appartement. Deux pièces
principales le composaient ; la première, celle dans
laquelle il recevait, était munie de plusieurs petits
siéges en dattier. Des fusils, des pistolets, des armes
de tout genre en décoraient les cloisons vertes ;
un petit casier, contenant quelques livres, parmi
lesquels je remarquai l'Ancien et le Nouveau Tes-
tament, traduits en langue abyssinienne, ainsi que
des grammaires et dictionnaires de cette langue,

était suspendu dans un coin. La seconde pièce était celle des femmes; quelques pipes y reposaient sur des bois de gazelles, formant crémaillère; deux grands matelas, des vêtemens en désordre et des couvertures, couvraient presque la moitié du parquet; une encoignure, enfin, recélait un réchaud allumé, exclusivement destiné au café. A notre entrée, je ne pus voir l'intérieur de cette chambre; une toile bleue pendait devant la porte, et il eût été indiscret de chercher à y pénétrer, bien que l'obstacle qui s'y opposait fût fort léger.

Nous nous assîmes et commençâmes une conversation qui avait entièrement trait à son voyage. Au bout d'un moment, une jeune fille, écartant le rideau bleu de la porte, parut; elle nous apportait à chacun une pipe allumée. Cette fille, couverte d'un grand voile en toile blanche à bordure rouge, ne laissait voir qu'une charmante figure et de grands yeux baissés. Sa peau, très brune, était d'une finesse et d'un poli difficiles à décrire. Après nous avoir remis nos chibouques, la jeune fille resta debout, tournée vers M. Vessière, assis en face de moi : « Diable! lui dis-je, avec de semblables pages, on désirerait presque avoir un trône.—Oui!

reprit mon hôte, cette petite n'est pas mal. Puis alors il me conta que, dans huit jours, elle devait être sa femme; car les conditions voulues pour le mariage étaient remplies[1]. Je le félicitai beaucoup sur une semblable union, et je lui demandai s'il en était à ses premières amours. Non! me dit-il, je répudie en même temps une autre fille, nommée Kalimé; celle-ci me plaît maintenant davantage: tels sont les usages dans ce pays-ci. Je vis alors que mon monsieur calculait tout à fait à la turque (ce à quoi, du reste, on s'habitue fort vite dans ces climats). Comment se nomme celle-ci? lui dis-je alors. Matué, me répondit-il : c'est une charmante enfant. J'étais d'accord, sur ce point, avec lui; puis, dépouillant la retenue dont je m'étais affublé jusque-là, je pris la main de Matué, et lui fis quelques questions. Je lui demandai quel âge elle avait, où était son village, et de quelle race elle descendait; elle satisfit sans retard à ma curiosité : ses grands yeux baissés se relevaient de temps en temps pour interroger les regards de son maître. Combien j'ai d'années, me dit-elle; je l'i-

[1] Quatre fois sa nubilité s'était confirmée.

gnore, et Dieu seul le sait. Mon village est fait de sable, et je descends de la race des Maugrebins. Cette réponse brève, et dont les expressions n'étaient pas sans poésie, augmenta mon intérêt : alors M. Vessière m'expliqua l'énigme de son village fait de sable; c'était le désert : et effectivement, chaque endroit de ces plaines incultes se transforme en une bourgade, aussitôt qu'une caravane y plante des adouars; je connaissais, en outre, les Maugrebins, comme une race arabe répandue dans toute l'Égypte, où elle fait le commerce de colporteur. Cette conversation n'en resta pas là : M. Vessière et moi commençâmes un feu roulant de questions, avec l'intention d'embarrasser Matué, et souvent, au lieu de parvenir à notre but, nous trouvions, chez cette jeune enfant, une droiture de jugement vraiment extraordinaire; puis, parfois, n'ayant pas de réponse, elle nous montrait ses dents blanches, en souriant : et nous aimions tout autant, je crois, cette réponse, que les précédentes. Kalimé, dans la pièce voisine, dévorée de jalousie, en voyant ainsi fêter sa rivale, en voyant son maître et seigneur l'oublier pour Matué, ne put résister à l'envie de mettre sa tête au rideau

bleu de la porte : pauvre enfant! elle regardait en
tremblant, car elle craignait qu'un coup-d'œil sé-
vère ne lui ordonnât de se retirer. M. Vessière
m'avertit alors que ces deux jeunes filles dan-
saient et chantaient à merveille; je le priai, en
conséquence, de me faire participer, un moment,
aux plaisirs dont il jouissait tous les jours :
« Chante, Matué, dit-il alors ; Kalimé dansera. »
Cette dernière, à l'œil vif et fin, au regard plus assuré, plus hardi, mais dont la figure était également
charmante, ravie d'être encore admise à contribuer
aux délices de son maître, sortit vivement de
derrière le rideau qui la cachait, et fit son entrée
d'un petit air triomphant.

Barra el hhamice (à bas la chemise), tel fut le
commandement préliminaire de M. Vessière, et à
l'instant, les deux grandes chemises bleues et les
voiles blancs tombèrent et laissèrent voir le corps
fin des deux jeunes filles. Un rahhat (Pl. xviii),
espèce de ceinture en cuir, garnie de longs filamens très serrés, flottant et pendant jusqu'à mi-
cuisses, était tout ce qui leur restait pour protéger
leur pudeur. Je tenais toujours Matué par la main,
et pour dégager complétement la place où devait

avoir lieu la danse, j'attirai la petite Maugrebine, et l'engageai à s'asseoir près de moi : elle résista, car elle craignait le regard de son futur époux; mais elle fut bientôt rassurée, quand il vint la prendre lui-même par la taille, et la fit placer à mon gré. Kalimé était déjà au milieu du petit emplacement qui devait servir de théâtre à ses exploits; elle n'attendait plus que le signal : jalouse de montrer plus de gentillesse et plus d'espièglerie que jamais, et d'éclipser, s'il était possible, sa rivale, par ses graces et ses talens; seule, en attendant que Matué commençât à chanter, elle fredonnait, en tournoyant, un petit air bien connu, puis battait des mains et faisait quelques mouvemens du corps, pour indiquer la mesure; elle pelotait en attendant partie, la petite coquette! elle semblait dire : « Et moi aussi, je suis jolie, et de plus, je chante, je danse, je danse avec passion, avec ardeur; voyez comme tous mes mouvemens respirent l'amour! » Puis, comme pour porter le dernier coup à sa rivale : « Matué, lui dit-elle avec un petit ton d'impatience, mais, commence donc, il y a une heure que je t'attends. » La pauvre petite, que sa modestie seule avait fait hésiter à chanter et à

qui pas une des agaceries de Kalimé n'avait échappé,
ne se fit plus attendre : une grosse larme roulait
dans ses yeux; mais, déployant toute la force de
son poumon, elle attaqua un air arabe, sur un ton
excessivement élevé; je doutai qu'elle pût tenir
long-temps des notes de poitrine aussi hautes :
cependant elle le fit, et chanta, parfaitement juste,
un morceau d'un rhythme singulier. Elle était près
de moi, je tenais toujours sa main, et suivais des
yeux, avec intérêt, cette petite poitrine, se gon-
flant et s'affaissant tour à tour, sous les inspirations
de son chant; elle ignorait encore ce que c'était
que l'artifice, la pauvre Matué : aussi ne vit-on
point chez elle de contorsions prétentieuses; l'a-
mour-propre lui faisait, cependant, faire des efforts : elle voulait se bien acquitter de sa tâche,
mais en cela son but était de ne pas déplaire, et
non de joûter avec la petite bayadère, qui suivait
avec vivacité toutes les cadences de son chant; sa
posture était fixe, sa tête semblait ne plus devoir
tourner; ses grands yeux fixaient le parquet ou la
cloison de l'appartement, et ses doigts agitaient
nonchalamment les fils de son rahhat; une expres-
sion de pudeur et de candeur à la fois couvrait

son joli visage; un léger sourire s'y montrait : je
pense qu'il y était amené par les paroles de sa
chanson. Quel contraste elle offrait avec Kalimé !
Celle-ci, dont le minois pétillait d'esprit et de ma-
lice, au lieu de la retenue virginale de sa compagne,
déployait , en dansant, tout ce qu'elle avait d'art
et de passion; ses mouvemens expressifs peignaient,
avec les couleurs les plus vraies et les plus vives,
tout ce que l'amour a de plus enivrant et de plus
extravagant. Déjà la sueur inondait tout son corps;
ses cheveux, tombés en désordre, s'étaient dérou-
lés sur ses épaules; ses yeux étaient brillans; tout
son être haletait : elle déployait une action telle,
que nous ne pouvions nous soustraire à une espèce
d'influence magnétique; Matué, elle-même, en
admiration devant cette scène rendue avec tant
de force, se mit à joindre le battement de ses petites mains à ceux de Kalimé; bientôt aussi, le
mal nous gagna, et nous fûmes tout étonnés,
M. Vessière et moi, de nous trouver, au bout
d'un moment, frappant les mains à l'Arabe, et
faisant la basse du chant qui guidait cette espèce
de bacchanale. Une semblable scène ne pouvait
durer long-temps; la progression du drame était

trop rapide, et l'épuisement devait aussi mettre un terme à l'espèce d'exaltation frénétique qui semblait s'être emparée de notre charmante danseuse, et en effet, cette pantomime amoureuse se trouvait, un instant après, rendue à son apogée: déjà des mouvemens plus lents et plus convulsifs avaient succédé à cette espèce d'emportement amoureux qui l'avait mise hors d'haleine; puis elle s'arrêta, et, semblant sortir comme d'un rêve, honteuse d'avoir dit une vérité que le sexe n'avoue pas, elle cacha sa figure dans ses mains, et s'enfuit dans la pièce voisine; Matué seule était restée, et sa présence, dans ce moment, était délicieuse: son chant avait cessé, et sa timidité, sa pudeur, ressortaient bien puissamment, à côté des extravagances de sa compagne; aussi, nous en parut-elle mille fois plus belle, mille fois plus aimable. Ainsi se termina cette lutte entre les deux jeunes filles, dans laquelle la naïveté, la modestie et les graces enfantines de notre charmante Matué l'emportèrent sur l'enjouement et les agaceries malicieuses de la piquante Kalimé. Je remerciai beaucoup mon hôte de m'avoir procuré un semblable plaisir, et remis entre ses mains le petit dépôt précieux qu'il m'avait confié pour un moment.

Les pipes et le café ne tardèrent pas à venir; Kalimé nous les apportait. A peine remise de sa danse, elle s'empressa de saisir cette occasion de reparaître; peut-être voulut-elle se montrer encore belle de ses émotions, peut-être fut-elle piquée d'avoir abandonné le champ de bataille à sa compagne inoffensive. Nos deux jeunes Arabes reprirent alors leurs chemises et leurs voiles, et disparurent derrière le petit rideau bleu.

Si je me suis abandonné à cette digression, si j'ai reproduit une de ces scènes, assez communes en Égypte, avec des couleurs un peu tranchées, c'est que, d'abord, je l'ai regardée comme peignant bien ces sortes de mœurs, et que, pour la rendre intéressante dans la narration, il fallait la reproduire avec toute sa vérité. Mon séjour à bord de la dabié ne se prolongea pas davantage; car M. Rolet, jeune Piémontais, qui accompagnait M. Vessière dans son périlleux voyage, venait de rentrer à bord : rien n'empêchait plus de mettre à la voile. Je pris donc congé de ces messieurs, en les accompagnant de mes souhaits, et vis la dabié déployer ses grandes voiles, et fendre, en remontant, les eaux paisibles du Nil. Ces deux intéressans voyageurs furent assassinés dans le Sennaar, au retour de leur voyage (nous l'apprîmes un an après). C'était échouer au port, car ce pays est déjà sous la domination du pacha.

Revenons aux travaux. Nous avons laissé l'obélisque sur le chemin, restait à le traîner et l'introduire dans le bâtiment. Il était impossible d'opérer la traction d'une semblable masse sur le terrain nu; on y établit donc des tréteaux en bois. Ce chemin factice, de la largeur de l'obélisque, était composé de quatre morceaux pouvant se mettre bout à bout au moyen de chevilles de fer unissant leurs points de jonction; trois de ces pièces faisaient la longueur du monolithe, de telle sorte que, lorsqu'il arrivait à l'extrémité du glissoir, on retirait la portion en arrière, et l'on venait l'ajuster en avant pour pouvoir continuer sa progression. Ce manége évita de construire un chemin en bois sur toute l'étendue de la pente pratiquée des propylées jusqu'au *Luxor*, pente ayant à peu près quatre cent soixante pas de longueur. Les cabestans de l'abattage servaient à la traction, Pl. 6; seulement, à mesure que la masse avançait, l'on était obligé de reculer tout le système moteur : cependant l'obélisque approchait du bâtiment; il fallut songer à ouvrir ce dernier, pour lui permettre d'aller se loger dans sa cale.

Pour cela, l'on coupa en travers son avant, puis on enleva et l'on mit de côté cette tranche antérieure; le *Luxor* était par là complétement ouvert et disposé, et, d'après la manière dont il était échoué, le fond de sa cale se trouvait être la continuation du chemin. Une considération de sûreté vint alors se présenter : l'on craignait de voir, pendant l'entrée de l'obélisque dans le bâtiment, le terrain en dehors s'affaisser, et le bout des quilles casser par l'effet du poids qu'elles auraient à porter pendant un moment. Pour remédier à cet inconvénient, l'on creusa le chemin, d'une longueur d'environ vingt mètres, dans sa partie la plus voisine du bâtiment, et l'on remplit cette excavation d'une bâtisse en pierre, fort solidement établie, et dont le niveau était celui de la pente générale : de cette manière, il n'y avait plus à craindre un affaissement de terrain, et l'obélisque pouvait faire son entrée sans nul risque. Les calculs avaient été fort justes, car ce plan eut un entier succès. L'intérieur du navire avait été bien préparé, on y voyait les longs apparaux qui devaient opérer l'introduction, et en une heure environ l'aiguille de Luxor quitta le sol de l'Égypte.

La vue n° 5 reproduit l'état actuel de l'entrée du palais, les deux propylées, un colosse de chaque côté de la porte, et l'obélisque restant[1].

L'abattage avait eu lieu le 1er novembre, l'entrée à bord s'opéra le 17 décembre suivant.

D'après la manière dont s'était opérée la descente du monolithe, ce fut naturellement le pyramidium ou sommet qui entra le premier. On plaça, en outre, le centre de gravité de la masse entière très rapproché de celui du bâtiment, afin de ré-

[1] Les trous que l'on remarque dans la partie supérieure des propylées servaient autrefois à saisir le milieu de très hauts mâts, dont les pieds se logeaient dans une entaille faite à la base de la façade, perpendiculairement au dessous. On voit, dans la figure, le commencement de ces entailles, correspondantes au trou de droite du propylée de gauche et au trou de gauche du propylée de droite. Ces quatre mâts, qui dépassaient la hauteur de la corniche, d'environ quarante pieds, portaient à leur extrémité les étendards royaux.

partir également la charge. Une fois cette opération terminée, on s'occupa de fixer l'obélisque
dans la cale, de manière à lui interdire toute espèce de mouvement dans les nombreux coups de
roulis auxquels il devait être soumis. Pour cela, on
chevilla en fer une partie des traverses du revêtement avec la membrure même du *Luxor*; puis, on
mit des jambes de force dans toute la longueur,
en haut et en bas, de telle sorte que l'obélisque
faisait presque corps avec le bâtiment. Restait à
refermer la porte par laquelle il était entré; c'est
ce à quoi l'on occupa immédiatement les charpentiers, qui rajustèrent la partie de l'avant sciée avec
le reste de la coque du navire, en chevillant, sur
les deux morceaux rapprochés, de fortes pièces de
bois, qui s'opposaient dès lors à leur séparation.
On refit le bordé extérieur, on consolida la partie
du fond du *Luxor*, près de la base de l'obélisque,
pour obvier à la fracture qui pourrait provenir de
la poussée verticale de l'eau sur l'avant; on refit
tous les emménagemens intérieurs; bref, on remit
tout dans son état primitif; et l'on n'eut plus qu'à
attendre l'inondation prochaine.

C'est à peu près à cette époque que le capitaine

Verninac nous permit d'entreprendre un voyage
dans la Nubie inférieure. MM. Jaurès, Levavasseur,
Silvestre, Baude, Pons et moi, composions la caravane. Nos préparatifs furent promptement faits, et,
bien que nous n'ayons pu nous procurer qu'un fort
petit bateau, nous nous y embarquâmes; mais des
jeunes gens se contentent facilement, et puis l'espérance du plaisir nous disposait admirablement à
supporter des fatigues de tout genre, et, entre
autres, quelques nuits un peu agitées. Le 20 novembre, notre petite barque mit à la voile, et commença à dévider le long fil d'eau qui sépare Thèbes
de Ouady-Halfa (seconde cataracte). Nous avions
pris toutes nos mesures pour passer le temps le plus
agréablement possible; aussi, profitions-nous des
instans où le soleil n'avait pas acquis toute son intensité, ou bien l'avait perdue, pour mettre pied à
terre, visiter les rivages et faire la guerre aux lièvres, aux perdrix, aux tourterelles, etc. Nous
avions soin, dans ces courses, de remonter sans cesse
le fleuve, de manière à accompagner notre barque
exécutant le même chemin par eau.

Le Nil, depuis Thèbes jusqu'à la première cataracte, présente à peu près le même aspect que dans

la partie au dessous. Le premier endroit remarquable sur notre route fut Esné : c'est une ville
assez considérable pour le pays, mais elle serait chez
nous un fort triste village. Elle est bâtie sur la rive
gauche, toujours en terre noire, comme d'habitude,
et toujours composée de cahuttes et de pigeonniers.
Sur une place assez régulière, où se tient un marché pour les comestibles, se trouve une porte par
laquelle on arrive aux restes d'un ancien portique.
Ce morceau, de la plus grande beauté, est tellement enfoui au milieu des maisons, qu'il faut en
avoir entendu parler pour l'y chercher. Nous restâmes une heure en contemplation devant cette magnifique colonnade; elle sert maintenant à contenir des ballots de laine. Une blafarde obscurité
détruit, en grande partie, le superbe effet de tous ses
chapiteaux variés. Il est facile de reconnaître, au
premier aspect, dans ce beau portique, une époque
beaucoup moins ancienne que dans la majeure partie des autres édifices égyptiens; son architecture,
plus légère, ses chapiteaux plus chargés d'ornemens, plus tourmentés, ramènent sa naissance aux
rois grecs : du reste, ce caractère moderne se reconnaît partout avec la plus grande facilité; car, à

ces demi-reliefs très bas de la belle époque de la sculpture en Égypte, les Ptolémées en substituèrent de beaucoup plus relevés. Cette innovation, au lieu de plaire davantage à l'œil, lui présente une espèce de boutissure désagréable ; les lignes mêmes du dessin n'ont plus cette finesse et ce caractère du pays ; on y trouve un mélange des formes grêles et élégantes avec les formes lourdes et musculeuses de la Grèce et de la Basse-Égypte.

Nous quittâmes Esné, après y avoir pris des provisions, et continuâmes notre route. Edfou fut le second endroit où nous nous arrêtâmes. Un fort beau temple, et surtout deux propylées immenses, vinrent largement nous payer de nos peines jusque-là. On reconnaît encore dans cet édifice la main et la conception grecques. Nous y restâmes peu, car il était urgent de profiter du vent pour opérer notre remonte, étant toujours libres de visiter davantage à notre retour ; de là nous fîmes route pour Assouan (l'ancienne Sienne), ville bâtie à l'entrée de la première cataracte. Les approches de cette ville, sa position, les ruines d'une ancienne forteresse se dessinant en noir sur le sable rouge des montagnes ; les roches de la cataracte, qui surgissent au milieu du fleuve avec leurs faces polies et brillantes ; puis le bruit du courant se brisant contre tous ces obstacles, font de cet endroit un des sites les plus remarquables.

Le Nil se trouve là complétement encaissé par les deux chaînes : elles viennent baigner leur pied dans l'eau. L'île d'Eléphantine, toujours brillante de culture, de verdure et de beaux groupes de dattiers, fait une opposition admirable avec l'aridité des roches répandues de toutes parts. Nous fûmes obligés de nous arrêter un jour dans cet endroit, pour faire passer la cataracte à notre barque : on en fit donc sortir tous les poids qui la chargeaient, pour lui faire franchir les endroits où il y a le moins d'eau; une partie d'entre nous suivit les chameaux portant nos effets, et regagna la partie supérieure de la cataracte, en coupant un coin du désert; l'autre partie resta dans la cauge, désirant assister au passage. L'idée, en général, en France, sur les cataractes du Nil, est bien fausse : le mot seul semble comporter chez nous une grande chute d'eau, un énorme bruit : rien, cependant n'y ressemble dans le fleuve dont nous parlons.

Qu'on se figure donc, pour avoir une idée exacte de cette cataracte dans le Nil, le courant étroitement encaissé entre deux montagnes de granit, dont les morcellemens sont comme entassés et suspendus sur la tête : des rochers de toute dimension, depuis la grosseur d'une barrique jusqu'à celle d'un îlot, déchirant le lit du fleuve de tous côtés ; de petites chutes, causées par de légères différences de niveau, produisant, en même temps, une augmentation, parfois fort grande, dans la vitesse du courant; puis l'eau se brisant de toutes parts, sur des rochers dont les angles sont usés par le frottement : voilà, en somme, les caractères principaux de la première cataracte; la passer est donc faire franchir à la barque ce courant rapide, à travers tous les écueils qui menacent de vous briser, si les cordes de halage viennent à rompre. Les Nubiens, chargés d'ordinaire de cette opération, sont d'une agilité à la nage vraiment surprenante; ils vont successivement attacher toutes les cordes, de rocher en rocher, et la facilité avec laquelle ils traversent le courant, sortent et rentrent dans l'eau, en font presque des espèces d'amphibies. Pour ma part, je ne restai point à bord; il fallait choisir l'un des deux spectacles, le désert ou le Nil : je préférai le premier. Je m'acheminai donc, avec mes compagnons de voyage, au travers de cette vallée sablonneuse, accompagnée, de chaque côté, de montagnes granitiques, et parsemée de minéraux. Nous marchâmes d'abord deux heures, pendant lesquelles nos seuls compagnons de route furent quelques gros corbeaux noirs et quelques alouettes des sables, ou *sirlis;* puis nous arrivâmes sur un terrain excessivement inégal et couvert de granite : on aurait dit une mer agitée, pétrifiée instantanément par l'effet de quelque cataclisme; nos chameaux, et les hommes même, étaient forcés, la plupart du temps, de marcher à la file, et l'on était obligé de bien regarder à ses pieds, pour ne pas faire quelque grave chute. Après une demi-heure d'une semblable route, il nous semblait n'avoir jamais vu dans notre vie que des rochers; on est, il est vrai, péniblement assiégé et tristement influencé par cet horrible désordre de la nature; aussi reste-t-on stupéfait, en arrivant au bord du Nil, et voyant surgir des eaux Philoé, chargée de monumens : cette île est elle-même une des roches de la cataracte; mais les palais et les groupes de dattiers dont sa surface est couverte le font entièrement oublier. (*Voyez* Planche xv.)

Nous étions arrivés en face de Philoé une demi-heure avant la cauge; elle vint nous y rejoindre : nous y rembarquâmes avec nos effets, et traversâmes le petit bras de Nil qui sépare le continent de l'île consacrée à Osiris. Nous fûmes déposer nos hommages au pied de cette muraille célèbre, où sont inscrits les hauts faits de l'armée de Desaix : la légende a été conservée parfaitement intacte; elle porte un beau caractère de naïveté et de grandeur : « *C'est jusqu'ici*, dit-elle, *que sont venus les Français; c'est ici que la division de Desaix, sous les ordres du général Bonaparte, poursuivant les Mameloucks, les a forcés à se réfugier dans le désert.* » Nous éprouvâmes un battement de cœur à la lecture de cette inscription dont je rapporte ici le sens : retrouver écrit, en caractères français, dans l'île de Philoé, à deux cent vingt lieues dans l'intérieur de l'Afrique, un des plus beaux faits d'armes de notre nation, était pour nous un moment de vif bonheur; chacun parcourait ces lignes avec rapidité, et ne se lassait pas de les relire;

nous éprouvions, en outre, une bien grande satisfaction, en voyant que pas une égratignure ne s'aperçoit sur toute cette inscription, malgré la grande quantité de noms qui sont écrits sur les côtés : quel éloge fait un semblable respect et des faits consignés sur ces murs abandonnés, et du voyageur qui s'est trouvé seul en leur présence ! car aucun sentiment d'envie ni de jalousie n'est venu ternir son cœur, et lui faire oublier que ce monument de notre gloire était confié à sa grandeur d'ame, à sa délicatesse.

Nous passâmes toute la soirée de ce jour et la matinée du lendemain à visiter les monumens de l'île, et nous remarquâmes la main grecque, dans la presque totalité de ceux qui la recouvrent.

Le vent était favorable : nous avions pris un pilote du Nil, au dessus de la première cataracte, et nous fîmes voile, immédiatement, pour nous enfoncer dans la Nubie, et gagner le plus vite possible Ouady-Halfa.

Notre seule pensée, alors, était de remonter promptement, afin de pouvoir visiter tout à notre aise, en redescendant, les temples qui bordent le fleuve; aussi ne nous arrêtâmes-nous en route que pour prendre des provisions nécessaires à notre subsistance. Notre traversée fut assez souvent entravée par des calmes et des vents contraires, et souvent nos Arabes étaient obligés de tirer la cordelle; nous finîmes, cependant, par arriver à Epsamboul, douze lieues au dessous de la deuxième cataracte : là, force nous fut d'arrêter devant ce temple curieux; il était impossible de passer outre. Les Égyptiens, sans doute fatigués de puiser aux carrières pour construire leurs édifices colossaux, se mirent un beau jour à tailler un temple tout entier, dans la montagne elle-même : de là, naquit Epsamboul : la chaîne libyque y présente une face assez plane; c'est elle qui fut choisie pour cette exécution cyclopéenne; tout y est sur une échelle merveilleuse : de chaque côté de la porte, sont deux colosses, d'environ soixante pieds de haut, assis; leurs épaules ont environ vingt-quatre pieds de large; les jambes, sept à huit pieds de diamètre : les figures, parfaitement conservées, sont empreintes de calme, de sérénité et de dignité à la fois; elles sont de la plus grande beauté : c'est, du reste, le seul endroit, en Égypte, où l'on retrouve des statues avec la face non mutilée;

le reste du corps présente, comme partout, les formes lourdes et réglées par le rite égyptien. Ces statues sont tout à fait en dehors de la roche, mais cependant accolées par le dossier de leur siége; des quatre, trois seulement sont en place: la première, à gauche, en entrant, s'est écroulée; on en voit les débris au milieu des sables; une seule est entièrement découverte, c'est celle de l'extrême gauche; les deux, à droite, sont plus ou moins enfouies.

Je ne saurais définir ce que nous ressentimes en présence de semblables conceptions. L'admiration et l'étonnement avaient pris chez nous un caractère presque convulsif; en effet, il est des momens où les sensations les plus sérieuses, je dirai même pénibles, lorsqu'elles sont poussées trop loin, dégénèrent chez l'homme en un rire de faiblesse: nous l'éprouvâmes. Nous riions tous; les réflexions les plus comiques nous venaient à l'esprit; nous nous figurions voir ces colosses se lever et nous tendre la main, ou bien nous souhaiter la bonne venue, avec une voix proportionnée à leur taille. Mais bientôt nos rires s'apaisèrent, et firent place à tout notre enthousiasme: il est impossible de rendre de semblables impressions.

De l'extérieur, nous passâmes à l'intérieur : la porte d'entrée se trouve au milieu des quatre colosses ; la première salle est décorée, de chaque côté, par des pilastres auxquels sont adossées des figures debout, les bras croisés, les mains aux épaules, tenant des emblêmes. Ces statues, de peu d'apparence, à côté des extérieures, ont cependant encore trente pieds de haut; les parois latérales de cette salle contiennent des sujets de batailles, sculptés et peints toujours à la manière égyptienne, mais sont de la belle époque. Plusieurs autres compartimens suivent cette première chambre; au fond est une espèce de petit sanctuaire, qui nous a semblé avoir été, autrefois, soustrait aux regards du vulgaire : trois personnages mystiques y sont assis dans une niche. Après avoir parcouru, à la lueur des torches, tous ces souterrains, nous reparûmes à la lumière; elle nous fit le même effet qu'à un hibou sortant de sa masure. Nous étions arrivés de nuit à Epsamboul; nous en repartîmes le lendemain dans la matinée, pour gagner Ouady-Halfa. Rien de remarquable ne se présenta jusque-là. A notre arrivée, nous fûmes faire visite au nazer de l'endroit; il nous reçut à merveille, nous fit fumer la pipe et prendre le café sur le bord du Nil. Dans le cours de notre conversation, nous le priâmes de nous faire confectionner du pain, dont nous manquions. Nous donnâmes de l'argent, avec lequel on acheta du blé ; puis notre ami se chargea du reste de la façon. Nous couchâmes près du village de Ouady-Halfa, sur la rive droite ; et le lendemain, de bonne heure, notre cauge nous fit regagner l'autre rive, d'où nous devions prendre notre point de départ pour aller visiter la cataracte ; elle est à environ une lieue de là. Des ânes, auxquels on fit passer le fleuve, nous servirent de montures, et nous évitèrent une course bien fatigante au milieu du désert qu'il est nécessaire de traverser.

La seconde cataracte a un aspect tout différent de celui de la première ; ce ne sont plus ces bords escarpés, ces blocs de granit entassés les uns sur les autres. La partie la plus près de Ouady-Halfa se présente sous la forme d'un large bassin, d'une vallée très ouverte, bornée sur la rive gauche de pitons de structure schisteuse, tandis que la droite semble se raccorder avec la plaine immense, qui va rejoindre l'éternelle chaine arabique. Les roches qui s'élèvent au milieu du fleuve sont plus découpées, en plus grand nombre, et entièrement basaltiques, d'une teinte gris bleu quand elles sont séches, et d'un bleu noir quand l'eau les baigne. Au travers de ce nombreux archipel, le courant vient se briser et faire quelques chutes. Nous eûmes occasion de vérifier, pendant la nuit, que le bruit produit par ce brisement des eaux s'entendait distinctement à deux lieues environ.

Après avoir visité le commencement de cette cataracte qui, dit-on, a six ou sept lieues de long; après avoir rempli nos poches de cailloux anguleux, et dit un long adieu à cette antique limite de l'empire égyptien, nous enfourchâmes de nouveau nos paisibles montures, et arrivâmes de nuit à notre bateau.

Nous ne prolongeâmes pas davantage notre séjour en ces lieux, et commençâmes notre descente : nous étions à cent lieues de Luxor.

De Ouady-Halfa à Epsamboul, la rive droite est cultivée dans toute sa longueur; il faut en excepter quelques endroits déserts, de distance en distance, entre autres une espèce d'emplacement à petits monticules en forme de pains de sucre ou d'élévations tumulaires, qui est d'un aspect très remarquable :

la chaine libyque, plus haute que l'arabique, se tient toujours à une certaine distance de la rive. La bande cultivée a, dans certains endroits, près d'une lieue de large ; le bord gauche, au contraire, est couvert, dans presque toute son étendue, des sables du désert : la seule végétation qu'on y remarque sont des mimosas couronnant la crête du rivage. Dans ces douze lieues de trajet, la chaine arabique est parfois assez loin du Nil, et les petites portions cultivées sont excessivement étroites.

D'Epsamboul à Ibrim, il y a environ dix lieues ; la rive droite reste, pendant six, complétement déserte ; après quoi, la culture reparait. Le désert, ainsi que les mimosas, accompagnent toujours la gauche.

A Ibrim, la chaine arabique vient jusque dans l'eau ; on y remarque quelques excavations à une vingtaine de pieds au dessus de son niveau. La culture ne reprend qu'à Der, où elle est fort belle ; la rive gauche est tout aussi aride qu'elle l'a été jusque-là. Un peu de verdure reparait presqu'en face du village, mais pour céder bientôt la place au sable et aux roches noires qui surgissent au milieu. Au dessous de Der, la rive droite est cultivée jusqu'à Korosko ; passé cela, la chaine arabique borde le Nil, et l'on ne voit plus que des rochers jusqu'à Sebou [1]; la rive gauche est constamment déserte. En face de Der est un joli petit temple, à moitié enfoui dans le sable; il se nomme Amada : ce qu'on voit encore de ses ruines suffit pour faire conclure qu'on avait apporté le plus grand soin à sa construction. Les sculptures et les peintures hiéroglyphiques qui s'y trouvent sont d'un fini et d'une pureté de style, qui les reportent évidemment à la belle époque des arts en Égypte (c'est à dire à une époque très reculée). Le cartouche de Totmès III se voit partout; il paraîtrait, d'après cela, qu'on devrait cet édifice à ce roi. Der est une station où l'on peut se faire faire du pain, en s'adressant au nazer, à qui l'on paie le blé et la façon.

Le premier temple que l'on rencontre après Amada est Sebou : il se compose de deux propylées, puis d'une cour à colonnes par derrière; vient ensuite le corps de l'édifice : il est tellement enfoui, que la porte est presque entièrement comblée. La surface extérieure des murs est dépolie; bientôt même on ne verra plus les hiéroglyphes. Ce temple,

[1] C'est le lieu que Champollion nomme *Esseboua.*

regardé comme dû à Sésostris, est précédé d'une allée de sphinx dont on voit encore trois ou quatre plus ou moins mutilés. Il existe, en outre, des restes de deux statues, de dix pieds, gardant la porte d'entrée. La culture de la rive droite ne continue guère que trois lieues au dessous de Sebou ; après cela, les deux bords présentent une très petite bande de terre cultivée. Les roches, sur l'un et l'autre côté, sont à environ deux ou trois cents pas ; elles sont peu élevées, et se présentent, en général, sous forme de débris. Leur structure est parfois assez intéressante : entre des dépôts schisteux et marneux se trouve une couche de gros sable agglutiné, de manière à en former un corps excessivement dur. J'ai rapporté des morceaux de cette singulière roche, dont quelques fragmens, à force d'être roulés par les eaux, deviennent tout à fait ronds.

Aux environs de Der, j'ai aussi trouvé des collines entièrement marneuses, contenant quelques fossiles de plantes, presque toutes de la famille des agavés et des sédums. On ne trouve des fossiles de coquilles que vingt lieues plus bas, mais dans des terrains beaucoup plus compactes.

A partir de Sebou, la bande de terre cultivable

est très étroite, et des hauteurs rocailleuses accompagnent le Nil de chaque côté; cet état se maintient jusqu'à Kirché : à partir de là, les deux chaines sont plus hautes, et viennent souvent jusqu'au fleuve; l'arabique, surtout, s'élève beaucoup. Avant Kirché, il existe deux petits édifices au dessous de Sebou; Marraquah est le premier. Cette construction romaine n'est qu'ébauchée; les colonnes, au nombre de seize, se ressentent de l'abandon du travail, et sont à peine dégrossies; on n'y voit pas un seul hiéroglyphe, si ce n'est sur un pan de mur : ces sculptures ne sont, du reste, nullement dans le style égyptien, non plus que le chapiteau des colonnes. J'ai découvert, dans un des coins de l'édifice, un petit escalier tournant, à noyau plein, qui conduit à la partie supérieure : il est à remarquer que ce genre d'escalier ne se trouve jamais dans les monumens égyptiens purs.

Après Marraquah, vient Dekké. Ce temple, dont presque toutes les parties sont debout et peu dégradées, a deux propylées très bien conservés : l'intérieur en est fort curieux; les escaliers, surtout, sont très beaux; on trouve sur les murailles les cartouches de Ptolémée et de Bérénice. En examinant les diverses parties de ce temple, on s'aperçoit qu'il a été fait à plusieurs reprises ; on reconnait le passage des diverses mains qui ont contribué soit à son embellissement, soit à sa restauration.

Les hiéroglyphes, qui y sont prodigués, sont d'un travail très soigné, mais dans le style grec.

J'arrive enfin à Kirché. Ce temple, creusé dans le roc comme celui d'Epsamboul, a sa distribution intérieure presque la même, et parait fort ancien : tout y est égyptien pur ; le cartouche de Ramsès se voit de tous côtés ; on doit en conclure que c'est un Pharaon de ce nom à qui cette excavation est due. Après avoir franchi la porte d'entrée, trois gros pilastres, auxquels sont adossés des colosses, se présentent d'abord de chaque côté ; les proportions de ces statues sont fort lourdes ; de la plante du pied aú genou il n'y a que deux largeurs de mollet. Le peu de grace de tout ce travail et, malgré cela, son extrême naïveté pourraient faire regarder cet hypogée comme plus ancien que celui d'Epsamboul. Les parois intérieures sont couvertes d'hiéroglyphes ; et, dans la salle des colosses, on remarque, pratiquées de chaque côté, trois niches contenant chacune trois personnages, que nous

avons pensé représenter des divinités. Ce temple
était précédé, à l'extérieur, d'une cour à colonnes,
elle-même munie, en avant, d'une espèce de parvis.
Les débris d'une douzaine de sphinx semblent indiquer qu'il en existait une avenue ; on y voit même
encore les restes d'un colosse extérieur, dont les
pieds sont élevés à environ un mètre au dessus de
terre, tandis que les colosses d'Epsamboul reposent
sur le sol même. Dans la seconde salle intérieure
il n'existe qu'un pilastre seul ; il est couvert d'hiéroglyphes [1].

A partir de Kirché, les chaînes deviennent plus
élevées et plus rapprochées des bords ; ces chaînes
s'abaissent ensuite à mesure qu'on approche de Kalapché. Avant d'arriver à ce temple remarquable,

[1] En entrant dans ce temple, et pendant que nous atten-
dions, dans la première salle, les torches destinées à nous
faire visiter le reste, un gros lièvre, sortant du fond, où
l'obscurité nous le cachait, vint donner de la tête dans nos
jambes, et jeta presque à terre notre commissaire, M. Silvestre, qui ne put s'empêcher de jeter un cri d'alarme ; et
tous, au même instant, courûmes après notre épouvan-
tail ; mais il avait gagné la plaine avant que nous fussions
rendus à la porte d'entrée. N'ayant pu passer sa colère sur
cet infortuné, que nous étions venus troubler dans sa re-

je parlerai de Dandour, compris entre lui et celui que nous venons de quitter.

Dandour, de construction grecque, offre une foule de cartouches, qui nous restèrent inconnus. Son plan général est d'une assez jolie conception : une grande plate-forme rétablit l'horizontalité sur un terrain en pente. Ce massif, rapporté, est maintenu tout autour par trois fortes murailles, dont l'antérieure, celle regardant le Nil, est légèrement concave. Au bout de cette plate-forme vient un arc de triomphe d'un joli style; puis, un peu plus loin, le corps de l'édifice, assez petit. Il est composé d'un vestibule à deux colonnes, d'une chambre oblongue transversale; de plus, d'un petit sanctuaire à peine commencé. On montait à ce temple par des escaliers pratiqués dans la roche, de chaque côté des murs latéraux de la plate-forme; enfin, par derrière le petit sanctuaire dont nous avons parlé, est une espèce de tombeau pratiqué dans le roc; il n'en reste que la cavité et la porte, dont les sculptures sont bien conservées. Les hiéroglyphes de ce tem-

traite, M. Jaurès tira le coup de fusil qu'il lui destinait au plafond du temple, et produisit une détonation vraiment épouvantable.

ple sont, en général, fort bien exécutés, mais de style grec.

Après Dandour vient Kalapché. Ce grand monument, bâti à peu de distance du tropique du cancer, offre une masse énorme de décombres : quoique d'une époque assez récente, il est ruiné de tous côtés ; un très grand portique précède trois pièces consécutives, chargées, à leur intérieur, de sculptures dont les couleurs sont, pour la plupart, bien conservées. D'énormes pierres composent la couverture de ces trois pièces : chacune de ces pierres pèse à peu près cinquante mille kilogrammes. Des escaliers qui conduisent à la partie supérieure de l'édifice sont pratiqués dans l'épaisseur des murailles.

En avant du temple, sont deux propylées, et plus près du Nil encore, une grande plate-forme en pierres de taille, portant un rebord de chaque côté. Cette plate-forme imiterait assez un chemin d'introduction, une espèce de parvis extérieur. Deux enceintes rectangulaires et concentriques entourent ces immenses restes, et ne sont ouvertes que du côté de la façade. On reconnaît, du reste, facilement la main grecque à la construction et la décoration de ce temple. Un petit sanctuaire, creusé dans la montagne, plus à droite, et à une centaine de pieds plus haut, reçut ensuite notre visite. Cet hypogée ne se compose que d'une seule chambre : une courte allée y conduit. Les parois latérales de cette avenue sont ce que j'ai vu de plus beau en Égypte, comme sculpture et comme composition. Je crois pouvoir assurer que rien, chez nous, ne surpasse les bas-reliefs que je cite en ce moment. Le sujet est tiré des campagnes et victoires de Sésostris. Un des tableaux représente des peuples vaincus; des prisonniers garrottés qu'on traîne en esclavage. Dans l'autre, ce sont les sujets dévoués de toutes les parties de l'Égypte, recevant leur souverain, et lui offrant des présens, tous tirés de leur pays. Les animaux faisant partie de ces offrandes, et parmi lesquels on distingue une girafe, une gazelle, une autruche, un lévrier, etc., sont d'un naturel et d'un style on ne peut plus remarquables.

Au dessous de Kalapché, à environ deux lieues, commencent des montagnes très abruptes, formant presque une cataracte, par l'avance des roches de leur pied sous l'eau. Cette chaine, taillée à pic et très élevée, finit à Teffah, où se trouve un petit temple sur la rive gauche ; il est encore de l'époque grecque ou romaine, et présente un tas de décombres sans intérêt.

Après ce passage, les deux bords ont de nouveau une étroite lisière cultivée, accompagnée de la roche vive. Les chaines sont alors moins élevées, pleines de crevasses de distance en distance, et vont, en se morcelant, rejoindre le granit de la première cataracte.

Nous avons à visiter deux temples au dessous de Teffah ; le premier a nom Cardassé : on n'y voit plus que les restes, en bien mauvais état, d'un arc de triomphe et l'enceinte générale. Un peu plus bas, sur un monticule, sont encore quelques colonnes : une seule des pierres, servant d'architrave, est restée en place.

Le second est Debou. Ce temple a trois arcs de triomphe précédant un corps d'édifice composé de trois pièces principales et d'un portique. Les escaliers qui conduisent à la partie supérieure partent du même portique, et sont pratiqués dans l'épaisseur des murs. Les appartemens du fond, très étroits, ont permis de placer au dessous des

escaliers deux petites chambres latérales, ouvertes, à l'intérieur, par des lucarnes. Une enceinte
générale entoure ce temple, qui est fort beau, et
d'une époque assez récente.

En donnant cette esquisse rapide de la position
et de l'état des temples de la Nubie inférieure,
mon but a été simplement de faire connaître, aux
voyageurs parcourant l'Égypte, qu'au delà de la
première cataracte, dans cette vallée de soixante
lieues, entre Assouan et Ouady-Halfa, se trouvent
encore des restes magnifiques des travaux immenses que la main des hommes est venue jeter au
milieu des déserts.

Quant aux Barbarins habitant toute cette étendue, ils sont d'une douceur de mœurs, d'une
aménité et d'une bonhomie incomparables; d'une
race évidemment différente de l'égyptienne pro-
prement dite, leur taille est plus svelte, plus élé-
gante, leur figure plus fine, plus distinguée, leur
peau plus noire; et leur dialecte, ne ressemblant
en rien à l'arabe, n'a point de sons gutturaux et
durs. Le Barbarin est plus fier, plus vindicatif que
l'Arabe; mais aussi il est plus juste et a moins de
défauts. C'est de Nubie qu'on tire une grande

partie des domestiques du Caire et d'Alexandrie : ils servent, en général, comme saïs[1], sont très fidèles, très lestes et fort intelligens; leur douceur de caractère les fait, en outre, rechercher : il est de luxe d'avoir un Barbarin pour saïs, et de couvrir ses vêtemens de plus ou moins d'or, de plus ou moins d'ornemens; ils sont, du reste, fort élégans en costume de promenade : une grande chemise bleue, ceinte autour du corps par une large ceinture rouge ou même un cachemire, un grand jonc à la main, un large turban bien blanc, et de gros glands d'or pendant au milieu des épaules, se marient admirablement avec leurs jambes et leurs bras nus; les grandes manches de leur chemise sont alors relevées par un double sautoir qui se croise au milieu du dos.

Dans leur pays, leur costume est à peu près celui des Arabes : leurs villages n'ont, en général, aucune régularité; souvent ils les bâtissent avec les roches des montagnes, à tel point qu'il serait impossible de découvrir un groupe de leurs ca-

[1] Saïs, domestique faisant le service de palefrenier, de coureur, et souvent de valet de chambre.

huttes, dans tel ou tel endroit, si l'on ne voyait paraître quelques têtes.

Les femmes sont assez bien, se tenant parfaitement droites, et la figure toute découverte ; leurs cheveux sont divisés en deux parties : l'antérieure est séparée du reste par une ligne qui, partant d'une tempe, va rejoindre l'autre, en s'élevant un peu sur le vertex ; tous les cheveux de la partie postérieure sont tressés en rouleaux, tombant verticalement tout autour de la tête, de manière à rejoindre la base du cou ; la portion antérieure est enlacée en une natte dont les bouts sortent au dessus des yeux.

Au lieu d'être sauvages, comme les femmes arabes, auxquelles on ne peut dire un mot en présence du public, les Nubiennes sont, au contraire, fort gaies, grandes rieuses, et soutiennent la conversation le mieux du monde, même en présence de leurs maris : cela nous parut fort original, la première fois que nous eûmes le plaisir de les faire jaser. C'était immédiatement au dessus de la première cataracte : nous y trouvâmes un rassemblement de fort jolies femmes, toutes occupées à quelque ouvrage différent, et assises sur un banc construit en terre noire ; notre conversation, avec elles, fut des plus joviales ; nous fûmes jusqu'à visiter les diverses parties de leurs ajustemens, telles que bracelets, colliers, etc., afin de les observer de plus près : elles s'y prêtèrent avec assez de complaisance, et parurent fort étonnées de notre curiosité. Une mode, qui n'est ni jolie, ni commode, c'est celle que suivent certaines femmes, de se mettre un anneau dans la cloison du nez : cet anneau, qui tombe sur la bouche, est évidemment gênant pour manger, et ne donne aucune grace au visage ; mais leur faire comprendre cela serait fort difficile, pour ne pas dire impossible.

Notre descente du Nil nous avait ramenés sur ces lieux, point de départ de notre entrée en Nubie, et notre barque passa la cataracte avec autant de bonheur que la première fois. Nous fûmes visiter les carrières de granit, d'où les Égyptiens tiraient leurs colosses et leurs obélisques : un de ces derniers est encore à la place où on le taillait ; trois de ses faces sont dégrossies, la quatrième est adhérente à la roche mère. On reconnaît très bien le chemin par lequel les anciens traînaient ces énormes masses jusqu'au Nil, et ce sont même les traces de ce chemin qu'il faut suivre quand on veut aller visiter cet obélisque; car il est assez difficile de le trouver, au milieu de ces carrières nombreuses.

Nous quittâmes ces lieux vraiment intéressans, pour continuer à nous laisser dériver sur le fleuve, et fûmes bientôt à Ombos (rive droite). Ce temple, de l'époque grecque, présente encore des ruines magnifiques: c'est le seul en Égypte où nous ayons remarqué deux entrées principales à la même façade. Le portique, composé de colonnes d'un assez fort diamètre, est la partie la mieux conservée; les eaux du Nil ont tellement miné le rivage, qu'une grande portion des constructions en avant se sont écroulées, et couvrent de leurs débris le talus extrêmement élevé encaissant le Nil en cet endroit. Un énorme pan de muraille subsiste encore; il ne tardera sans doute pas à avoir le sort des parties adjacentes. Peu de temps nous suffit pour prendre connaissance de ces restes; après quoi, nous nous rembarquâmes et nous acheminâmes vers Selsélé; nous y étions le lendemain. On voit en cet endroit la carrière d'où les Égyptiens tiraient le beau grès dont sont faits leurs palais : les immenses excavations qu'on y trouve, ces profonds chemins creux, bordés de chaque côté par la montagne taillée à pic à cent ou deux cents pieds de hauteur, sont bien en rapport avec la grandeur des travaux, épars de tous côtés. Il semble, en se promenant dans ce labyrinthe, être au fond d'un tombeau. C'est avec un fort grand intérêt que nous observâmes ces lieux, où des tailleurs de pierre s'étaient escrimés trois ou quatre mille ans auparavant : on distingue les coups de pics, l'empreinte des coins qui ont servi à détacher les blocs, et plusieurs inscriptions indiquant probablement l'année des travaux ou le nombre de pierres retirées.

Enfin nous quittâmes Selsélé, et fûmes rendre visite à quelques excavations en face : ces excavations, jadis habitées, prouvent maintenant à l'évidence, par la complète immersion de quelques unes, l'exhaussement du lit du fleuve, et par conséquent de la terre d'Égypte.

Nous ne tardâmes pas à revoir Edfou ; nous le parcourûmes encore quelques heures, puis partîmes pour Luxor.

Esné reçut un adieu à notre passage, et ce fut par un de ces beaux soirs d'Égypte, où la fraîcheur ne vient point saisir à la suite des chaleurs du jour, et où la température se maintient à vingt ou vingt-cinq degrés, que nous aperçûmes de loin les hauts propylées de Thèbes. La nuit se fit, et, pour annoncer notre arrivée, nous exécutâmes un feu de file; il donna l'éveil à la maison. Nous trouvâmes effectivement, à notre débarquement, tous ces messieurs nous attendant de pied ferme sur la plage. Une séparation de quarante jours est un vaste champ à glaner pour des amis qui se retrouvent; aussi fournit-elle des textes nombreux à nos conversations.

Peu de temps s'écoula depuis notre retour à Luxor jusqu'à l'arrivée, sur nos rivages, de plusieurs cauges de voyageurs. Ces personnes, pour la plupart, se rendaient dans l'Inde par la mer Rouge, et devaient prendre le bateau à vapeur anglais qui vient chaque année à Cosseïr au mois de février. Au nombre de ces voyageurs étaient M. le baron Huguel, M. Roux, conservateur du Musée de Marseille, M. le colonel anglais Youze, et M. Marilhat, jeune peintre, dont on a vu les débuts remarquables aux expositions de 1834 et 1835. Cet artiste a tellement bien employé son séjour en Égypte, il a

tellement mis en usage ses belles dispositions naturelles, que, par ses œuvres actuelles, les connais-
seurs doivent déjà certainement lui donner un des
premiers rangs parmi nos paysagistes. M. Marilhat
est un peintre dont le talent sera éminemment re-
cherché par tout voyageur qui aura vu l'Égypte.
Ce pays laisse des souvenirs si vifs, engendre un
désir si ardent de le revoir, qu'on sera trop heureux de retrouver, sur les toiles de ce jeune artiste,
ce beau soleil du Saïd, ces dattiers, ces doums, ces
minarets du Caire, et ces admirables groupes d'A-
rabes et de chameaux, un des caractères tranchés
de ce climat. M. Roux, qui m'avait été adressé,
nous fit faire connaissance avec ses conavigateurs;
et dès lors il s'établit entre nous quelques relations
de convenance et d'amitié. Au bout de quelque
temps, les rapports agréables que nous avions chaque jour ensemble nous firent partager les mêmes
distractions, rechercher les mêmes plaisirs. Depuis long-temps l'on méditait une partie de chasse;
l'époque où le gibier abonde en Égypte était arrivée, l'on prit donc jour, et chacun fit ses apprêts.

M. le baron Huguel mit en état ses trois fusils,
son carnier systématique, et ses grandes guêtres;

M. le colonel Youze visita dans toutes ses parties
l'arme incomparable qui tuait les canards à deux
cents pas avec de la cendrée; M. Roux prépara sa
casquette en paille, son habit de chasse aux trente-
six poches, son sac en toile, puis son papier et ses
boites à insectes; bref, chacun dressa ses batteries
de manière à partir de Luxor le lendemain matin
à quatre heures : d'excellens ânes étaient comman-
dés et devaient se trouver à notre porte au fégher,
c'est à dire à trois heures ; les vivres destinés à faire
face à l'appétit de dix chasseurs étaient prêts. A
l'heure dite, notre vaillant conducteur Youssouf,
accompagné d'autres Arabes et du cortége de nos
modestes montures, vient faire branle-bas à la maison; chacun s'équipa : en un moment, tout fut prêt.
Les vivres chargés sur deux ânes, puis, chaque
chasseur muni du cigare et grimpé sur son animal, la caravane se dirigea par les sentiers de tra-
verse connus des Arabes vers la lisière du désert,
où dormaient les lièvres et les perdrix.

Ce voyage de nuit ne fut pas sans charme : il
faisait assez froid pour que, par momens, on ai-
mât mieux aller à pied que de rester monté; le ther-
momètre marquait quatre degrés au dessus de zéro.

La voûte céleste était parfaitement étoilée, et sa lumière suffisait pour nous montrer les sentiers sinueux où nous marchions à la file.

L'endroit où nous nous rendions était éloigné d'environ une lieue et demie de Luxor. En route, le jour se fit; aussitôt qu'on y vit un peu, la chasse commença, non la chasse en règle, mais celle qui se présente à chaque moment dans un pays comme l'Égypte, où il y a une immense quantité d'oiseaux.

Nous trouvâmes d'abord des grues grises, appelées courk par les Arabes; elles étaient en grand nombre: à peine éveillées, nous les approchâmes assez près; M. le baron Huguel leur envoya deux balles avec un rifle du Tyrol, mais n'eut pas le plaisir de la réussite.

Cependant l'est commençait à prendre une teinte lumineuse bien prononcée, et ce rouge du matin paraissait déjà au dessus de la chaine arabique vers laquelle nous marchions. Le cri retentissant des oies sauvages ne tarda pas à se faire entendre, et nous vîmes paraître les angles noirs et mouvans que forment ces oiseaux quand ils sont en voyage; peu à peu les vols sortirent du lointain qui nous les cachait; ils se succédèrent avec une rapidité in-

concevable : leur innombrable quantité nous jeta
dans une extase pleine de gaieté ; et leur passage au
dessus de nos têtes accompagna notre marche pendant assez long-temps ; nous avions parcouru une
demi-lieue, que les vols d'oies faisaient encore entendre leur cri sonore. Nous étions sur le lieu de
la chasse, et nous autres habitans de Luxor, habitués à reconnaître les bons endroits, exhortâmes
ces messieurs à mettre pied à terre comme nous ;
M. le baron Huguel nous engagea à aller plus loin,
alléguant qu'il ne pouvait rien y avoir dans de semblables joncs ; nous en fîmes cependant à notre tête,
et, dans moins de temps que j'en mets à le raconter, un lièvre, que leva M. Jaurès, fut tiré par lui,
et tué par M. le capitaine Verninac.

Les grandes jambes du baron, qui rabattaient la
tête des herbes bordant le petit sentier où le conduisait son âne, se raidirent tout à coup, son corps
se pencha en avant, ses deux mains s'appuyèrent
sur le cou de sa monture, et puis, faisant quitter
à son centre de gravité sa position primitive, il se
laissa glisser de côté et rencontra la terre avec sa
jambe droite ; M. Youze, à son tour, passant la jambe
gauche par dessus la tête de son paisible baudet,

qui cheminait malgré lui, se trouva comme assis, et un moment en équilibre sur l'extrémité de sa colonne vertébrale; il fut donc indécis s'il ferait le saut périlleux ou s'il tomberait comme tout le monde; heureusement pour lui que son âne leva le pied gauche dans ce moment, et décida, par cette inclinaison à droite, la chute naturelle de notre cher colonel : il accourut alors comme les autres voir l'ouverture de la chasse, et cria au miracle avec ces messieurs; ils soutenaient que jamais lièvre n'avait pris un semblable gîte; mais outre le lièvre, il y avait encore des perdrix, car, sous leurs yeux, j'en tuai trois du même coup de fusil dans un vol qui était venu se poser à peu de distance. Il n'en fallut pas davantage pour mettre nos retardataires en mouvement : ils se mouchèrent donc, boutonnèrent deux boutons de leur veste, jetèrent un coup-d'œil sur la batterie de leurs armes, et partirent avec une intrépidité vraiment toute guerrière. Nous continuâmes, et nos pas se tournèrent vers de grandes nappes mouvantes s'agitant sur les îlots du marais; c'étaient les oies du matin qui s'y trouvaient rassemblées. Nous nous dispersâmes de manière à les entourer : la manœuvre réussit jusque-là à merveille ; mais, lorsque nous les eûmes approchées à cinq ou six cents pas, le cri d'alarme, qui sauva jadis le Capitole, se fit entendre et se répandit sur toute la ligne. Nos oies alors redressèrent la tête, puis, le cou tendu et les pattes tirées, elles semblaient nous dire : « Faites encore un pas, et nous partons. » C'était, je puis l'assurer, une chose rare et curieuse que d'entendre peut-être dix mille de ces oiseaux criant et s'enlevant à la fois : ce bruit d'ailes, mêlé au tumulte de leurs voix perçantes, nous procura un spectacle des plus intéressans : en vain nous leur envoyâmes des balles, pas une ne porta, et nous eûmes le déplaisir de nous être traînés à plat ventre ou à quatre pieds pendant un grand quart d'heure pour rien.

Nous reprîmes donc la plaine, où une meilleure fortune nous appelait, et nous nous acheminâmes, tout en chassant, vers les ruines d'un temple antique, où nos montures et nos vivres nous avaient précédés.

Il était onze heures : nos estomacs criaient merci; l'on se rassembla pour faire brèche au déjeûner. Une grande colonnade nous prêta son ombre; quelques débris servirent de table et de chaises; nos

Arabes firent le service d'échansons et de paneliers, et l'on se mit à fonctionner de grand cœur.

Un seul d'entre nous, M. Roux, manquait à l'appel ; l'on se contenta de l'avertir par une décharge générale de nos armes. Nous déjeûnâmes avec d'autant plus d'appétit, que nos commencemens de chasse étaient assez brillans, et que nous comptions, en outre, sur ce que rapporterait notre grand chasseur retardataire. Il parut enfin. « Combien avez-vous de pièces ? lui cria-t-on du plus loin qu'on l'aperçut. — Six, répondit-il. J'ai d'abord le bouvreuil de Savigny : le voilà ; puis la tourterelle d'Égypte : voilà ; puis la fauvette sisticole : n'est-ce pas cela ? puis... Il ne put achever, tant les rires allaient croissant à mesure qu'il développait ses cornets ! —Vous riez, barbares, nous disait-il ; mais songez que la peau de mes moineaux passera à la postérité, tandis que ces lièvres, ces perdrix, ces canards et bécassines, que vous appréciez tant, disparaitront du monde aussitôt leur apparition sur votre table ! — C'est bien ce que nous espérons, lui dîmes-nous ; nous comptons même sur vous pour coopérer à cette disparition, et nous ferons en sorte qu'elle vous soit la moins douloureuse possible. » Il s'aperçut que les rieurs ne seraient pas de son côté, et se mit à déjeûner comme tout le monde.

Le déjeûner se termina aussi gaiement qu'il avait été commencé : nos Arabes firent leur repas des restes du nôtre, et la chasse recommença. On divergea. Le marais qui était tout près, et les vols d'oiseaux d'eau qui s'agitaient autour de nous, nous retinrent quelque temps ; après quoi, l'on se répandit dans la plaine, où la grande chaleur nous permit de faire la guerre aux perdrix du désert. La direction de notre marche nous rapprochait alors de Luxor, que nous regagnâmes, tout en tiraillant, à la tombée du jour. Les carnassières étaient pleines, et le dîner du lendemain s'en ressentit, car notre artiste se piqua d'honneur, et nous servit un dîner qui n'aurait été déplacé nulle part. Nos convives ne pouvaient se figurer être à Thèbes, et jurèrent que de leur vie ils n'oublieraient une aussi mémorable journée.

Sur ces entrefaites, le bateau à vapeur arriva à Cosseïr, et tous nos aimables visiteurs nous quittèrent pour aller prendre la caravane avec laquelle ils devaient rejoindre la mer Rouge.

Par suite de ce départ, nous nous trouvâmes encore une fois seuls; l'ennui menaçait de nous faire une guerre cruelle, aussi entreprîmes-nous de le conjurer, en faisant des fouilles dans la vallée des tombeaux. Nos commencemens furent assez malheureux; les découvertes se réduisirent à fort peu de chose, jusqu'au jour où nous attaquâmes un fameux puits creusé dans la montagne : il avait cent pieds de profondeur quand on l'ouvrit. On en retira à grande peine vingt pieds de terre, après quoi parurent de grosses pierres, qu'on cassa, qu'on hissa jusqu'au dehors; puis alors se démasqua une porte : l'on y entra. Une première salle pleine de débris, de momies et de pierres se présenta d'abord; puis, à la suite, une seconde petite pièce, dans laquelle était un magnifique sarcophage en basalte : il avait été violé. Son couvercle, à moitié soulevé, était maintenu dans cette position par une grosse bûche de sycomore parfaitement bien conservée, et nous trouvâmes les morceaux de la momie encore dorés et réduits en charbon, dispersés çà et là. Ce sarcophage appartenait évidemment à quelque personnage élevé : les cartouches royaux qui se rencontrent sur sa surface, le travail nécessaire pour tailler un bloc de basalte de cent quintaux avec autant de précision et de fini, l'art qu'ont demandé ces milliers d'hiéroglyphes dont il est couvert en dedans et en dehors, ces bas-reliefs, d'une pureté de dessin et d'un fini admirables, le démontrent d'une manière victorieuse. Nous ne pouvions laisser là ce chef-d'œuvre doublement curieux et par la beauté du travail et par son antiquité. Malgré la grande difficulté qu'offrait une semblable extraction, on se mit à l'œuvre; mais il fallut une peine infinie pour ramener à la surface du sol un poids aussi considérable. Nous transportâmes ce sarcophage à Luxor, qu'il a quitté en même temps que nous pour venir en France; il est maintenant à Paris. Plusieurs des savans les plus distingués sont venus le voir : M. Champollion-Figeac et M. Charles Lenormand sont les deux seuls qui aient émis, jusqu'à présent, des conjectures sur le nom de la personne ensevelie dedans. Suivant le premier, ce serait la reine Onknas, femme d'A-masis, et fille de Psammeticus II, et de Nitocris, son épouse; tandis que, suivant M. Lenormand, les père et mère de la princesse Onknas seraient bien les mêmes, mais elle n'aurait point été mariée, et aurait fait partie de ces filles du sang royal, qu'on consacrait au culte d'Ammon. Nous espérons qu'une étude plus approfondie, aidée par la grammaire et le dictionnaire égyptiens de Champollion le jeune, viendra nous révéler une grande page de l'histoire égyptienne, où figurera cette princesse Onknas, qui vivait six ou sept cents ans avant l'ère chrétienne.

Nos fouilles n'eurent pas d'autres résultats, si ce n'est de nous préserver de l'ennui pendant deux mois ; elles nous donnèrent, en même temps, occasion de visiter, dans les plus grands détails, l'immense quantité d'hypogées qui font de la chaîne lybique une montagne tout à fait à jour, à tel point, qu'en passant dans quelques endroits élevés, on entend sonner le creux en frappant du pied. Parmi ces tombeaux, les vingt appartenant à des rois offrent des travaux fort curieux et presque merveilleux : dans leur nombre, je ne comprends point ceux dont les restes immenses couvrent encore le sol de la plaine, bordant la rive gauche, et que représente la planche XIV : on y voit, sur le premier plan, deux statues colossales et monolithes, à peu près égales en dimensions ; celle de

droite est connue dans l'histoire sous le nom de
statue de Memnon; les sons harmonieux qu'elle
faisait entendre au lever du soleil l'ont rendue
fameuse. On doit remarquer sa partie supérieure,
composée de pierres rajustées; les Perses, à l'époque
de Cambyse, curieux de savoir ce qui la faisait
sonner ainsi, la brisèrent pour connaître le secret
intérieur, et il est bien probable que leurs recherches ne furent point satisfaites. M. Wilkinson
a, dit-on, publié, depuis notre départ, un opus-
cule à ce sujet, dans lequel il avait trouvé le moyen
employé à cette époque par les prêtres, pour faire
rendre ces sons, ressemblant, dit-on, à la corde
d'un luth qui se casse.

Il paraîtrait qu'en frappant dans un certain
endroit de cette statue, endroit qui était au dessous de terre, et auquel conduisait quelque sou-
terrain; qu'en frappant, dis-je, avec un corps dur,
on produisait dans la pierre une vibration générale, d'où résultait le son miraculeux.

Avant de chercher à rendre raison de ce singulier phénomène, on pourrait se demander d'abord :
Est-il bien sûr que la statue ait jamais sonné? Je
n'ai point, il est vrai, de documens historiques

plus authentiques que chacun de nous en particulier; seulement on peut faire valoir les inscriptions qui couvrent du haut en bas les jambes de
ce colosse; ces inscriptions, écrites en grec par
les personnages les plus connus de ces temps anciens, attestent qu'ils ont eux-mêmes entendu de
leurs oreilles la statue saluer le lever du soleil, par
son espèce de gémissement.

Un rapprochement assez drôle est celui-ci : les
Arabes actuels appellent ce colosse *el salamat*,
ou bien le salut; et, notez que les Arabes dont il
est question ne se doutent pas qu'il ait jamais
existé, avant eux, un grand peuple en Égypte. Ils
attribuent aux Anglais et aux Français la construction de tous ces palais, au milieu desquels ils
vivent; et ils croient que nous venons tout simplement reprendre notre bien, quand nos expédi-
tions nous font aller dans ces lieux pour leur arracher quelques unes de leurs richesses.

Indépendamment des récréations intéressantes et
instructives que nous fournirent ces lieux, dont
les plus petits coins rassemblent des souvenirs délicieux par leur originalité, leur intérêt et leur

nouveauté, l'histoire naturelle fut encore pour nous un grand moyen de délassement.

M. Jaurès et moi avions la manie des collections, et nous trouvâmes un vaste champ à moissonner dans les diverses branches de zoologie que possède l'Égypte. Jaloux de pouvoir, à notre retour, tout en augmentant nos collections, donner au Jardin des Plantes des objets intéressans, nous n'épargnâmes rien pour parvenir à ce but. De petits Arabes nous cherchaient des insectes. Un vieux pêcheur cophte m'apportait chaque jour quelque nouvelle espèce de poisson du Nil. M. Jaurès fit, avec une caravane équipée à nos frais communs, un voyage à la mer Rouge, pour en rapporter les divers coquillages; et un chasseur, à nos gages, s'était chargé de nous fournir toutes les espèces d'oiseaux, que nous prenions la peine d'empailler nous-mêmes. La constance, je puis le dire, que nous mimes à la confection de ces diverses collections, n'a pas été sans résultat; et nous avons eu le plaisir, à notre arrivée à Paris, de doter le Musée d'un assez grand nombre d'objets rares ou tout à fait inconnus jusqu'à ce jour. Du nombre des premiers sont deux grands vautours vivans, actuellement à la ménagerie.

Je ne quitterai point ce sujet sans donner un rapide aperçu des animaux qu'on trouve le plus communément en Égypte. A l'état de domesticité, l'on rencontre d'abord le buffle, le chameau à une bosse, le cheval, l'âne, le bœuf, le chien (dont nous avons parlé plus haut), le mouton, et deux espèces de chèvres. Les animaux sauvages sont, l'hyène, le renard et le chacal.

Si nous passons aux volatiles, nous observerons qu'il y a, en Égypte, comme en tout pays, les oiseaux indigènes et ceux de passage. Les premiers se composent d'un assez grand nombre d'espèces, eu égard à la grande quantité d'oiseaux de proie : nous ne les énumérerons point toutes ici, nous nous contenterons de citer les plus communes. Ainsi, le vautour d'Égypte, le vautour chasse-fiente, le vautour percnoptère, l'aigle criard, l'aigle sacré, le milan à queue fourchue, le faucon des pigeons, l'oie à cou roux, la grue grise, la cigogne blanche, le vanneau armé, le grand pluvier de terre, trois espèces de gangas ou perdrix du désert, le charadrius du Nil, deux pélicans, deux tourterelles, un pigeon, deux mérops, deux pies-grièches, deux bouvreuils, un torcol, deux corbeaux, et quelques autres, qui m'échappent.

Les oiseaux de passage sont aussi en très grand nombre; les uns, comme les becs-en-ciseaux, et plusieurs espèces de mouettes, y viennent pendant la saison des amours, et n'en partent que quand leurs petits sont en état de les suivre; les autres, comme les tantalus, les oies, les ibis, plusieurs espèces de bécassines, etc., n'y paraissent, au contraire, que quand leurs petits sont déjà grands.

Il est assez facile de se procurer les trois vautours que nous avons nommés. Le percnoptère, surtout, se nourrissant des immondices des rues, pourrait, à la rigueur, se tuer à coups de bâton.

Les deux autres espèces, beaucoup plus grandes, et qui passent leur journée tantôt à boire et se baigner par grandes troupes sur les plages du Nil, tantôt à planer, en tournoyant, à une très grande hauteur, tantôt enfin à promener leur vol pesant au dessus des campagnes pour y chercher leur vie, sont moins faciles à joindre; l'on y parvient cependant sans grande peine, en exposant quelques bestiaux morts et se plaçant auprès en embuscade;

ce moyen est presque infaillible; il arrive même parfois de tuer deux ou trois de ces énormes oiseaux du même coup de fusil.

L'oie qui vit sur le Nil est un de ses habitans les plus intéressans par son port, par la beauté de son plumage et par ses habitudes invariables; elle est extrêmement difficile à avoir, et c'est avec des peines inouïes qu'on parvient à pouvoir exercer son adresse sur cet oiseau. Le mâle et la femelle ne se quittent jamais; et ces couples, habitant les rivages, font autour d'eux une garde qui les préserve ordinairement de tout danger. Cette oie, dont les pattes et le bec sont rouges et le plumage nuancé des teintes les plus vives, est haute sur jambes, d'une tournure svelte, et a la queue beaucoup plus longue que ses congénères : les Arabes les nomment *ouez*. Ces oies quittent parfois le Nil et vont au désert; souvent aussi on les rencontre posées sur le haut des monumens antiques; et l'on est toujours averti de leur passage, de leur départ ou de leur arrivée par le cri sonore et bref qu'elles font entendre.

Un oiseau se joint à celui que nous quittons, pour orner délicieusement les rives du Nil, c'est le cha-

radrius *niloticus*. D'un plumage bleu-ciel coupé
de bandes noires et blanches, ayant, en outre, les
mœurs silencieuses des oiseaux de rivage lorsqu'il
est posé, et le cri loquace et moqueur lorsqu'il
s'envole, il réjouit la vue par ses nombreuses évo-
lutions et les batailles qu'il livre à ses semblables,
en volant avec agilité à la surface des eaux : il est
également propre à orner une table et une collection ; les Arabes le nomment *tac*. Cet oiseau se
charge de nettoyer le gosier du crocodile endormi,
car souvent cet amphibie s'endort la gueule ouverte,
et alors une foule d'insectes viennent s'y poser et
s'y agglutiner ; ce sont tous ces insectes dont le charadrius vient faire son repas.

.La trompette de tous les volatiles de l'Égypte est
sans contredit le vanneau armé, ou *sacsac* en arabe.
Cet oiseau, d'une teinte grise sur le dos, et dont le
reste du corps est noir et blanc, porte au poignet
ou bien à la jonction du fouet avec le reste de l'aile
une pointe cornée très aiguë ; il s'en sert comme
armure. Ordinairement dans les champs peu éloignés du Nil ou de quelques lacs, il se tient de pré-
férence sur les monticules ; là il fait sentinelle par
plaisir, et commence à crier d'aussi loin qu'il aper-

çoit un objet provoquant chez lui de la frayeur. Debout sur ses deux longues jambes noires, il redouble ses vociférations quand 'on approche, puis vole çà et là au dessus des animaux moins vigilans que lui, et semble les avertir d'un péril imminent.

C'est en vain que vous userez de supercherie quand cet oiseau se trouvera sur votre route, il parviendra toujours à faire fuir le gibier avant que vous ayez eu le temps de l'approcher. Il lui advient souvent, ce qui attend d'ordinaire les bavards, c'est qu'ils sont les premières victimes d'avoir la langue trop longue ; car, fatigué par ses cris importuns, on tire souvent sur lui, dans le seul but de le punir de son indiscrétion : du reste, pour son compte particulier, il n'est pas d'une finesse extrême ; on le tue sans peine : il ne vaut rien à manger.

Des oiseaux qui parent encore agréablement les rives du Nil sont les hérons. Dans le nombre, on en distingue des espèces blanches, parmi lesquelles sont le garde-bœuf et l'aigrette. Ces derniers sont assez remarquables ; l'aigrette, par les belles plumes, en longs filamens, qui garnissent son dos ; le garde-bœuf, par ses habitudes qui l'éloignent souvent des endroits aquatiques pour se confiner dans les champs au milieu des buffles ou le faire percher sur les sycomores et les mimosas. Son nom lui est sans doute venu de sa grande familiarité avec les bœufs, qu'il accompagne presque toujours : j'en ai vu une fois cinq garnissant l'épine du dos d'un de ces animaux couché, de plus un sur chaque corne, tandis que plusieurs autres semblaient beaucoup se divertir à becqueter ses pattes.

Les personnes venant pour la première fois au Caire ne manquent jamais d'être étonnées en voyant les vols de ces oiseaux, d'un beau blanc, se reposer sur les immenses sycomores de la place de Lesbekié, et contraster avec le vert foncé de leur feuillage.

Vers le mois de mars, époque où les eaux du Nil sont les plus basses, on voit arriver, dans la zone de ce fleuve, la plus près de la mer Rouge, un oiseau également curieux par la conformation de son bec, qui l'a fait nommer *bec-en-ciseaux*, et quelques particularités se rattachant à son organisation : ce singulier oiseau provient évidemment de la mer Rouge ou du golfe Persique; ses amours seuls l'attirent en Égypte, où il se répand sur les bancs de sable du fleuve, pour y déposer ses œufs; au bout de deux mois, ses petits sont en état de voyager, après quoi il quitte le Nil, et retourne vers les lieux que l'amour lui avait fait abandonner.

La mère dépose sa ponte dans une simple excavation qu'elle pratique avec son corps au milieu du sable : les œufs restent exposés, pendant une partie du jour, à l'ardeur des rayons solaires, qui, certainement, doivent coopérer à l'incubation; elle est, je pense, continuée la nuit par les voies naturelles. Ayant appris l'arrivée de cet oiseau dans le pays, je descendis le Nil de quelques lieues pour le chasser : rien n'était plus facile, car, sans aucune défiance sur des piéges qu'il ne connaissait pas, il se laissait approcher avec une facilité d'autant plus grande, que, ne voulant pas perdre de vue ses œufs, déposés sur la plage, toutes ses excursions se bornaient à faire quelques circuits autour d'eux; aussi nous le procurâmes-nous sans peine.

Le *bec-en-ciseaux* a les mandibules déprimées de droite à gauche, de manière que chacune d'elles ressemble assez à la lame d'un coupe-papier étroit et pointu; l'inférieure, qui atteint jusqu'à quatre et cinq pouces, est plus longue d'un quart que la supérieure. L'oiseau, qui ressemble pour la forme à un goéland, a le dos tout noir, le ventre blanc, le bec et les pattes rouges : ces dernières sont palmées; ses ailes très longues, étroites et pointues, le font évoluer avec une grace et une facilité toutes particulières.

Il pousse, en volant, un petit cri bref et assez sauvage, surtout lorsque son vol l'élève un peu haut au dessus de l'eau, tandis qu'il se tait quand il en rase la surface, et la fend avec sa mandibule inférieure placée alors presque verticalement. C'est au moyen de ce ciseau, qui se promène ainsi en tout sens à la surface du liquide, qu'il saisit les petits poissons, sa pâture ordinaire; j'eus occasion, plusieurs fois, d'assister à cette pêche singulière : lors donc qu'une victime vient à se rencontrer sur la route du *bec-en-ciseaux*, les deux mandibules se ferment avec une vitesse inconcevable; le poisson, saisi par le tranchant, est bientôt coupé en deux ou trois endroits, et susceptible alors de passer par la petite ouverture qui conduit à l'œsophage. Je fus en même temps enchanté de trouver de petites boules, grosses comme des noisettes et très blanches; j'en examinai une : elle était fort légère, composée entièrement d'osselets de poissons; j'en conclus qu'elles provenaient de ces oiseaux : ils ont effectivement la singulière propriété de vomir les os des animaux qui ont servi à leur nourriture.

Il y avait deux jours que j'avais établi mon camp sur les bancs de sable, leur habitation, et je ne me lassais pas de les voir voler, tourner autour de moi, puis raser le sable à l'endroit où était leur nid, puis de là effleurer la surface paisible des eaux, puis ensuite s'élever et recommencer le même manége. Je ne pouvais cependant leur tenir une éternelle compagnie, je pris donc quelques uns de leurs œufs, ainsi que ceux du charadrius et du vanneau armé, qui se trouvaient sur les mêmes plages, et je regagnai Luxor.

Jusqu'ici je n'ai point parlé des ibis : le *scolopax falcinellus* ou ibis vert, et le *numenius ibis* ou ibis sacré, sont les deux seules espèces que nous ayons rencontrées. La première, pas très rare, se tue cependant avec assez de difficultés; la seconde, au contraire, l'est tellement, que, malgré toutes nos recherches, nous ne pûmes en avoir qu'un dans notre long séjour.

Cet ibis sacré ne peut être évidemment celui dont parle Hérodote, et auquel il accorde la vénération des Égyptiens, parce que, dit-il, il dévorait les serpens ailés sortant des gorges des montagnes à certaine époque de l'année.

Notre numenius ibis, qui est bien l'ibis sacré, retrouvé partout embaumé, est un oiseau de rivage, de la famille des courlis, incapable de dépecer un reptile, vu la faiblesse de son bec. Il serait bien plus raisonnable de choisir pour ce grand dévoreur de serpens le tantalus ibis, dont les mandibules sont fortes et coupantes; d'un autre côté, ce tantalus n'est pas l'oiseau révéré; il faudrait, pour accorder tout cela, que les serpens ailés d'Hérodote se réduisissent aux nuages de sauterelles descendant par les gorges des montagnes, et venant désoler l'Égypte. Ces vols de sauterelles arrivent effectivement en longues bandes, s'agitant en l'air à la manière des serpens sur le sol; on pourrait admettre alors que le numenius ibis dévorait les sauterelles, et, par suite, les serpens d'Hérodote.

Une famille extrêmement intéressante par ses

rapports avec les perdrix pour la forme, et avec les pigeons pour les mœurs, est le genre ptéroclès ou ganga; j'en ai rencontré trois espèces en Égypte. Ces oiseaux ont des habitudes d'une régularité qu'il est fort amusant d'observer. Se tenant toujours rassemblés par grands vols, le matin, ils se répandent dans les champs pour y chercher leur nourriture; puis, aussitôt que la chaleur du jour se fait sentir, tous se réunissent et vont se poser sur les plages au bord du Nil, y boire et se baigner; puis partent de là pour la lisière du désert, où ils restent jusqu'à trois heures environ, qu'ils regagnent les champs et le Nil, et vont se coucher au pied des montagnes. On ne peut pas se faire d'idée de leur immense nombre, le fusil tombe presque des mains la première fois qu'on voit se lever ces troupes innombrables, faisant un vacarme horrible, avec ce chant bref et saccadé qui les caractérise, elles disent à peu près *gueta* en chantant; leur vol est rapide, leurs ailes sont pointues, arquées et courtes; leur queue fourchue, les pieds emplumés jusqu'aux doigts; leur plumage est presque couleur de sable; aussi les voit-on difficilement lorsqu'elles sont reposées dans les endroits arides.

L'oiseau qui m'a le plus intéressé par son originalité et ses habitudes singulières est le coure-vite isabelle (*cursorius isabellinus*). Il est de la teinte jaune, dont il a pris le nom, de la grosseur d'un merle; ses jambes sont longues, blanches, couvertes d'écailles et munies de trois doigts seulement : il habite les marges du désert; ses mœurs en sont d'autant plus piquantes, car il est à remarquer qu'on se sent un attrait tout particulier pour les êtres que leur nature porte à se séquestrer de tout le reste des vivans. Il court avec une telle vitesse, ce drôle d'oiseau, et une telle constance, qu'un homme a peine à le suivre en courant lui-même; ses longs pieds lui donnent une tournure tout à fait risible et bizarre lorsqu'il s'incline. Habitué à toujours courir, la vitesse de sa marche ne l'empêche nullement d'exécuter tous les mouvemens pour lesquels les autres oiseaux sont d'ordinaire obligés de s'arrêter. Ainsi, il mange, il rebrousse et peigne ses plumes avec son bec, regarde derrière lui, expulse ses excrémens, sans arrêter le moindrement la vitesse de sa progression; on dirait qu'il a donné le matin à ses deux jambes l'ordre de le faire courir toute la journée, et que celles-ci s'en acquittent avec une exactitude à toute épreuve. Il n'y a pour lui ni pierres, ni sillons; il franchit tout et court ainsi tout le jour; on serait réellement tenté de croire qu'il le fait encore en dormant. Il pousse un cri en s'envolant; ce cri serait assez bien rendu par covite ou courvite; son vol ressemble à celui des vanneaux.

Parmi les oiseaux qui nous entouraient, les pigeons occupent le premier rang; leur nombre immense suffit effectivement pour attirer l'attention du voyageur le plus indifférent. J'ai dit plus haut qu'on en élevait une telle quantité pour avoir leur fiente. Ces animaux, qui sont en Égypte par nuages, quittent leurs colombiers le matin, sur les six heures, et ne rentrent qu'à onze; ils viennent alors se soustraire à la chaleur du jour, puis ressortent le soir pour se répandre de nouveau dans les campagnes, et rentrent à la nuit tombante.

Les milans viennent ensuite. Ces animaux, d'une familiarité égale à leur rapacité, ne cessent de planer autour des habitations, où ils ne manquent guère de faire quelque capture : notre maison, entre autres, en était tellement assiégée, et ils étaient si hardis voleurs, qu'ils ont été jusqu'à enlever des

volailles entre les mains de notre marmiton : chaque jour, ces harpies venaient dérober quelque
chose ; aussi travaillions-nous parfois à en dimi-
nuer le nombre.

Il est bien juste que je paie mon tribut au Nil,
en m'entretenant de l'Égypte et de ses habitans :
une quarantaine d'espèces de poissons s'y rencontrent ; trois seulement sont très bonnes à manger,
ce sont celles nommées *binni*, *boulti* et *kécher*; les
autres sont plus qu'ordinaires. La collection que
nous avons rapportée au Jardin des Plantes ren-
ferme des sujets fort rares et plusieurs espèces nouvelles.

Il existe aussi une tortue dans le Nil, c'est le genre
trionyx; nous en avons remis un fort grand individu au Musée ; il a presque un mètre de longueur.
Le museau, terminé en forme de trompe, chez ce
genre, est une de ses particularités les plus cu-
rieuses; il n'a que trois ongles à chaque pied.

Je n'ai qu'un mot à dire des crocodiles; il y en
a tant de descriptions, qu'on doit les savoir par
cœur : nous avions tous les jours une demi-dou-
zaine de ces animaux en perspective sous nos fenêtres, et nous pûmes vérifier que les accidens

qu'on leur attribue sont à peu près dénués de fon-
dement; cela serait assez en rapport avec leur timidité naturelle, car ils fuient toujours quand on
cherche à les approcher. On reconnaît facilement
leur présence dans un endroit par la forte odeur de
musc répandue à près de quinze pas autour d'eux.
Les plus grands crocodiles du Nil ne dépassent
guère vingt pieds de long; quelques auteurs en ont
porté la taille à quarante pieds; ils se sont, je crois,
fiés pour cela à des rapports qui sont toujours exa-
gérés.

Le tupinambis, nommé *ouaran* par les Arabes,
est un lézard qui a près de quatre pieds de longueur. Ce reptile est, dit-on, l'ennemi juré du
crocodile, dont il dévore les œufs : comme lui, il
est amphibie. Souvent nous eûmes l'occasion d'en
prendre pendant qu'ils faisaient leurs incursions
sur terre; ils se tiennent ordinairement sur les
bords du fleuve : on les dit bons à manger; cela
serait d'autant plus facile à croire, que plusieurs
espèces de tupinambis d'Amérique sont des mets
fort délicats.

Mai venait de commencer, et à peu près à cette
époque arriva à Luxor un chef de la tribu des Be-

charis (Nubie-Supérieure). Cet homme se nommait
Baraka ; sa stature était imposante ; sa figure, extrêmement basanée, avait quelque chose du nègre ;
mais ses yeux étaient d'une finesse, sa physionomie
si mobile, qu'on oubliait facilement la différence
de sa race avec la nôtre. Il se rendait près du vice-
roi pour rendre compte d'une circonstance épi-
neuse de son gouvernement, et s'arrêta un jour à
Luxor, avec MM. Linan et Bonomi, revenant
alors d'explorer les mines d'or de son district. Nos
conversations avec Baraka furent on ne peut plus
attrayantes ; tout en lui était nouveau pour nous :
c'était la nature sauvage à côté de la civilisation ;
mais cette rudesse chez lui était si sage, si sensée,
si juste, que nos manières polies, je l'avouerai,
rougissaient parfois de leurs dehors souvent trom-
peurs, et cherchaient à se rapprocher de sa fran-
chise.

Dans le cours de nos entretiens, nous vînmes à
parler de la mort tragique d'un de nos hommes.
Les abadés nomades et insoumis, répandus sur les
bords du désert non loin de Luxor, l'avaient tué un
mois auparavant, dans le seul but d'avoir son fusil ;
et nous ajoutâmes à ce sujet que, malgré toutes

nos recherches et une battue faite dans la plaine, avec deux cents hommes de front, il nous avait été impossible de retrouver une de ses traces. Ce peu de succès de notre part souleva chez lui un sourire de pitié; et il nous dit alors qu'avec quatre de ses becharis, il se serait volontiers chargé, à cette époque, de le retrouver en suivant ses traces : puis il nous raconta, à l'appui de son dire, plusieurs faits, tous fort étonnans, et dont voici l'un : c'est Baraka qui parle.

L'un de mes officiers, dit-il, avait eu son sabre volé, et promettait une belle récompense à celui qui le rapporterait : il n'en fallut pas davantage pour mettre en mouvement tous les fins chercheurs du canton; et, dans la même journée, l'arme avait été retrouvée, et remise à son maitre. Voici comment on découvrit l'endroit qui la recélait : un bechari s'aperçut, en parcourant un petit sentier du désert, que les deux pieds d'un homme courant y avaient laissé des traces d'inégales profondeurs. Ce fait seul fut pour le chercheur un trait de lumière; et, d'après lui, celui qui, en marchant, pesait davantage sur l'un de ses pieds portait quelque objet dans l'une de ses mains. En continuant à poursuivre ses traces, il vit les impressions changer d'aspect ; celle qui était d'abord la plus profonde était devenue la plus légère, et *vice versâ* : l'homme aurait donc ici changé de main le fardeau accusateur. Ce nouveau fait confirma les soupçons du bechari, et il poursuivit avec plus de constance encore les semelles empreintes sur le sable. Il arriva à un endroit où ces deux empreintes lui semblèrent d'égale profondeur. Comment expliquer cela, à moins d'admettre que là l'individu ne portait plus rien? Aurait-il jeté l'objet tout en courant? C'était la seule hypothèse possible : il l'adopta et se mit en recherches minutieuses dans les environs. Peu de minutes effectivement lui suffirent pour retrouver le sabre en question, derrière des rochers où le voleur espérait venir le reprendre la nuit suivante.

Ce fait, dont je ne doute pas, d'après tout ce que M. Cooper rapporte des sauvages de l'Amérique du Nord, nous montra combien la nature est ingénieuse, à quel point de perfection les sens peuvent arriver lorsque l'homme n'a que leur secours pour se soustraire aux dangers qui l'entourent et subvenir à ses besoins urgens. Ce fait, que Baraka accompagna d'une multitude d'autres que je ne puis citer, nous fit passer les momens les plus agréables près de lui. Ce fut avec le plus grand regret que nous le vîmes s'éloigner; car il emportait avec lui un recueil bien intéressant d'histoires, qui toutes pourraient presque figurer dans les *Mille et une Nuits*.

La planche n° 17 donne le costume des becharis; ils sont drapés tout à fait à l'antique; leurs cheveux sont longs et crépus; un sabre et un bouclier sont sans cesse pendus à leur cou. Les hommes de cette tribu passent la presque totalité des jours à dromadaire.

Cependant l'époque de la crue du Nil n'était plus éloignée que d'un mois. Le capitaine Verninac avait demandé, dès l'année 1830, de grandes péniches au port de Toulon, pour effectuer notre descente sur le fleuve. Ces embarcations n'étaient point arrivées; elles étaient pourtant d'une nécessité urgente. Cette considération, jointe à plusieurs autres, se rattachant à l'expédition, décidèrent le capitaine à entreprendre le voyage de la Basse-Égypte. Il partit donc, me laissant les rênes du gouvernement. Son voyage n'eut point le résultat qu'il en attendait; car il fut obligé de repartir d'Alexandrie, sans avoir vu paraître ni les péniches ni le *Sphinx*, bateau à vapeur destiné à nous remorquer jusqu'en France. Il fut donc forcé d'y laisser les instructions nécessaires pour qu'on lui expédiât ces embarcations aussitôt leur arrivée; puis il reprit sa cauge, et au bout de sept jours fut au milieu de nous.

En nous revoyant, il fut effrayé de nos figures maigres et brûlées; il n'osa pas même nous en parler dans le premier moment, tant il en était affecté! Selon lui, nos visages étaient tout à fait ceux de déterrés. De notre côté, nous le complimentions sur sa bonne figure, et les couleurs qu'il avait reconquises dans son voyage; ce qui faisait une opposition d'autant plus grande encore dans son esprit, avec l'état pitoyable dans lequel il nous trouvait.

Cependant la crue s'annonçait par de petites oscillations dans le fleuve, et déjà l'eau devenait verte. Cette teinte augmenta bientôt de jour en jour, par suite des pluies d'Abyssinie, entraînant les eaux croupissantes qui remplissent les lacs de ce pays. Au commencement de juin, cette cou-

leur était tellement foncée, qu'on pouvait très bien
l'apprécier en prenant un peu d'eau dans la main.
D'après les vieilles gens de l'endroit, plus l'eau
était verte, et plus l'inondation devait être belle :
nous devions donc être bien tranquilles sur cette
année ; nous en acceptâmes l'augure, et fîmes nos
préparatifs pour que le *Luxor* se trouvât à flot le
plus tôt possible. De larges fossés furent creusés
sous ses flancs ; la partie du matériel accompagnant le bord fut disposée sur le rivage ; puis on
chargea de grands bateaux du pays de tout le
reste. Ces travaux, auxquels on se livrait avec une
ardeur inconcevable, remplirent tous nos momens
jusqu'au jour du départ.

Nous suivions à chaque instant le progrès des
eaux, et le premier soin, en se réveillant, était de
courir au nilomètre, et d'y lire l'élévation du fleuve
pendant la nuit ; les chaleurs étaient affreuses, et
notre hôpital contenait presque toujours trente ou
quarante malades, pour la plupart dyssentériques :
nous fûmes même obligés d'en expédier un certain
nombre à l'hôpital d'Alexandrie. Dans les affections
chroniques de ce genre, le changement d'air et de
climat est quelquefois le seul moyen d'opérer le

rétablissement; le succès couronna, du reste, cette mesure sollicitée par notre médecin.

Le Nil croissant toujours, le capitaine Verninac fit établir de forts apparaux, fixés, par une de leurs extrémités, sur une ancre mouillée au milieu du fleuve, et dont l'autre était attachée sur notre arrière, de telle sorte qu'en les mettant en jeu ils tendaient à déséchouer le navire. Ces dispositions avaient pour but de mettre le *Luxor* à flot le plus tôt possible, et de profiter de la crue dans ses moindres progrès; car la grandeur du débordement était éventuelle. A la mi-août, il s'en fallait peu que l'élévation de niveau ne fût assez forte et ne suffît à notre entière flottaison: on se mit donc sans relâche à faire travailler les apparaux, et, le 18, au soir, dans un de ces momens d'enthousiasme de l'équipage du *Luxor*, nous craignimes de les voir casser sous ses efforts; heureusement que le bâtiment céda et quitta le lit où il reposait depuis un an. Voilà encore une des époques où nous éprouvâmes tous un bien vif plaisir, et l'on doit le concevoir; car il était incertain que le *Luxor* pût parvenir à flotter, l'élévation du Nil pouvait n'être pas assez grande : or, ce doute était détruit, et son anéantissemeut venait assurer la réalisation de ce vœu, formé par chacun de nous, celui de rejoindre la France.

Remonter avec le *Luxor*, depuis Rosette jusqu'à Thèbes, à l'époque des grands courans et des fortes chaleurs, n'était sans doute pas petite besogne : eh bien! quand il fallut redescendre, nous sentîmes que le plus embarrassant nous restait à faire. Être constamment maîtres d'un bâtiment aussi lourd que le nôtre et, de plus, entraîné par un fort courant, et en être maîtres de manière à pouvoir le diriger dans les endroits les plus difficiles, était, en effet, une entreprise fort délicate, et demandant l'attention la plus soutenue; le principe général sur lequel se fondait cette possibilité de conduire le navire consistait, évidemment, à lui faire avoir *plus* ou *moins* de vitesse que le courant : son gouvernail ne pouvait avoir d'effet sans cela; les voiles et une des ancres en drague furent les deux moyens qui se présentèrent pour parvenir à ce but.

Tout était prêt : la gaieté reparaissait sur tous les visages; mais on attendait avec impatience les péniches dont nous avons parlé plus haut. Au bout de cinq jours, cependant, ne voyant rien arriver, le départ fut fixé : c'était le 25 août. Enfin, l'ordre est donné, le cabestan tourne, la tournevire se tend, la chaine de l'ancre entre rapidement dans le Bâtiment en laissant entendre ses chocs de fer sur fer; en moins d'une minute, nous sommes à pic; les efforts redoublent, et l'ancre ne vient pas : on aurait dit que le fleuve sacré, le père de l'É-gypte, conspirait contre nous, ou qu'il nous deman-dait un dernier holocauste, un souvenir de notre apparition sur ses bords; il l'obtint, car notre ancre ne put s'arracher qu'en laissant en terre son jouel [1], tant elle était ensablée!

Enfin, notre fer apparait à la surface de l'eau, et déjà le *Luxor* est entrainé par le courant. Il fallait arrêter en partie cette descente, afin, comme nous l'avons dit, de pouvoir gouverner avec l'excès de la vitesse des eaux sur celle du navire.

Le petit hunier, qu'on mit dehors, résolut ad-mirablement le problème, et l'expérience nous apprit que, suivant la force de la brise, cette voile,

[1] Jouel, grosse barre de bois faisant partie d'une ancre complète. C'est cette barre qui fait mordre les pattes dans le sol.

entièrement déployée ou bien amenée, ou bien car-
guée, ou parfois même tout à fait serrée, suffisait
complétement pour produire cet effet de retardement nécessaire à notre marche. Ce genre de manœuvre eut les résultats les plus satisfaisans dans
toute la partie du fleuve où les vents remontent sa
direction générale; mais des cas particuliers nous
attendaient dans les endroits où le Nil fait des zig-
zags et des sinuosités. Ce fut au fameux coude de
Gamoulé, celui que nous remontâmes, traînés par
les Arabes, que nous fûmes appelés à faire la première expérience. Arrivés à cet endroit, les pilotes,
habitués à conduire leurs djermes, ne firent pas
plus de façon pour le *Luxor* que pour elles, et
dirent au capitaine de mettre le cap en bas, alléguant alors le vent favorable; M. Verninac comprit
toute l'importance de leur requête. Après donc
leur avoir fait entrevoir les terribles conséquences
d'un banc sur notre route, leur avoir demandé s'ils
étaient bien sûrs de leur connaissance du Nil, et
en avoir obtenu une réponse affirmative, il se décida
à faire exécuter la manœuvre dangereuse; en quelques instans le *Luxor* fut retourné, et, au lieu de
progresser à reculons, comme il l'avait fait jus-

qu'alors, il se trouva les voiles enflées, descendant avec toute sa vitesse ajoutée à celle du courant.

Il était effrayant de voir avec quelle rapidité les dattiers du rivage passaient les uns sur les autres : on ne pouvait se soustraire à quelques réflexions pénibles en pensant à ce qui arriverait si on venait à toucher; aussi attendait-on avec impatience la fin du coude pour sortir de cette espèce de situation forcée. Il fut, heureusement, bientôt terminé; la direction générale du fleuve reparut, et l'on fit reprendre au Bâtiment sa marche à reculons; mais effrayé du risque qu'on court en virant de bord dans le Nil et en descendant avec une aussi grande vitesse, se promit-on bien de ne plus se servir d'un semblable moyen sans y être tout à fait contraint : il en fallait cependant un, car nous étions forcés de franchir plusieurs passages du même genre. Le capitaine mit alors à exécution son idée première, en laissant traîner au fond de l'eau une ancre dépourvue de jouel, retenue au Bâtiment par quelques brasses de chaîne : ce moyen réussit complétement à nous donner le retardement voulu pour notre changement de direction.

Quel plaisir nous avions à voir le *Luxor*, sans voiles et sans vent, descendant le Nil avec rapidité, et passant d'une rive à l'autre par un simple coup de gouvernail! Ce résultat surpassait notre attente, et nous admirions avec quelle facilité le Bâtiment s'éloignait et se rapprochait des rivages : dès lors nos moyens de descente furent bien établis sur des faits, et nous n'eûmes plus à redouter que certains cas hors de la prévoyance humaine. Retenus par des voiles, dans le cours général du fleuve, et par notre ancre, dans les sinuosités ou les passages difficiles, nous déroulâmes peu à peu le long ruban du Nil qui sépare Thèbes de Rosette. Ce voyage, naturellement, ne put s'effectuer sans être traversé par quelque incident fâcheux : il nous arriva quelquefois de nous échouer; la cause en était dans l'encombrement récent du lit du fleuve, par des bancs nouvellement charroyés, ou dans des courans trop rapides qui entraînaient le Bâtiment dans de fausses directions. Malgré tout cela, le *Luxor* sortit triomphant de ces situations difficiles, et n'en fut que plus audacieux en se présentant à la fameuse barre de Rosette.

Nous visitâmes, en redescendant, à peu près les

mêmes villages qui nous avaient reçus à notre remonte, et fîmes encore une petite station au Caire, qui ne fut pas sans agrément pour nous : des danses d'almées nous y attendaient, nous les vîmes avec beaucoup d'intérêt.

Parmi ces espèces de saturnales, où les scènes les plus lascives forment le sujet de danses accompagnées des mouvemens les plus incroyables, je citerai l'espèce de pantomime terpsichorique connue dans le pays sous le nom de *danse de l'abeille*. Le motif m'en a paru tout à fait poétique, ingénieux, et empreint d'un caractère tout oriental.

Une jeune fille se croit piquée par une abeille cachée dans ses vêtemens; elle se débat en exprimant la douleur que lui fait ressentir sa blessure, et cherche à saisir l'insecte, le supposant successivement sur chaque partie de son corps; mais ses recherches sont infructueuses, et les Arabes, en chantant l'air qu'elle danse, ont beau demander, dans leur chant, où est l'abeille? où est l'abeille? et elle répondre : *ahho! ahho*, la voici! la voici! elle ne trouve cependant rien qui soulage son tourment, et, dans son impatience, commence à quitter ses habits et les jeter loin d'elle. Son voile est le premier; long-temps elle l'agite en le soulevant sur ses deux mains au dessus de sa tête, afin d'y découvrir ce qui la blesse; mais, vain espoir! la cause de son martyre est bien plus dans son cœur que dans les fins tissus sous lesquels il bat avec violence. Enfin le voile est à terre, le yalek le suit de près, puis ensuite le grand pantalon de soie, où ses investigations n'ont pas été plus heureuses; une chemise seule lui reste; et plus irritée que jamais de la douleur toujours croissante, retenue en même temps par les sentimens de pudeur, elle s'agite, se roule sur la terre, tire en tous sens ce dernier protecteur de ses charmes, et finit bientôt, haletante et abattue de lassitude, par l'envoyer rejoindre le voile, que ses premières souffrances lui ont fait quitter : seulement alors elle se rend compte rapidement de la cause cachée du feu qui la dévore, et s'enfuit en couvrant de ses deux mains son visage, où se peint la passion la plus exaltée.

Cette danse est réellement admirable, lorsqu'elle est bien exécutée; ce qui est du reste fort difficile, car il faut jouer une pantomime peignant une passion violente, il faut danser et chanter en même temps; et tout cela ne peut bien se faire sans un certain génie.

Je me rappelais, en voyant cette fiction originale et intéressante, nos fades ballets, où quelques femmes bien prétentieuses nous accablent de ronds de jambes et d'entrechats, tandis qu'une cinquantaine d'automates sont par derrière à les regarder; c'est à dire à bâiller du meilleur de leur cœur. Je repassais dans mon esprit ces délicieux fandangos et boléros des Espagnols; cette curieuse danse pyrrhique des Grecs, leur romeka, la tarentelle; et j'en concluais que nos ballets de France n'ont pas le sens commun, qu'ils ne contiennent aucune idée originale, qu'ils n'offrent aucun type national.

La danse sans pensée par derrière se réduit à des tours de force appartenant à des sauteurs, et c'est, à mon avis, la déshonorer que de laisser vide d'idées et de poésie cet art naturellement plein de gaîté et de grace.

Nous restâmes peu de temps au Caire; il nous sembla cependant y avoir subi une renaissance; il y avait si long-temps que nous n'avions vu quelques figures blanches, qu'être entourés d'Européens nous faisait éprouver le plus vif plaisir. Ce séjour fut marqué par une catastrophe : trois dames sortant de visiter le Bâtiment chavirèrent avec le batelet qui les portait. M. Jaurès, officier du bord, accompagné de plusieurs de nos hommes, eut le bonheur, en se jetant instantanément à l'eau, de sauver tout le monde.

Le 23 septembre 1832, le *Luxor* quitta le Caire pour terminer sa descente; elle fut également heureuse jusqu'à Rosette, où il arriva le 2 octobre après trente-huit jours de traversée : nous avions mis le même temps pour monter et pour redescendre.

Le premier soin du capitaine Verninac, à notre arrivée, fut de s'informer immédiatement de l'état de la barre du Nil; mais le Bogaz, qui contenait beaucoup d'eau quinze jours avant, s'était fermé, et il n'y avait plus d'espoir de passer pour le moment. Le pilote nous dit donc alors de descendre les trois lieues qui séparent Rosette de l'embouchure, et d'aller nous poster de manière à pouvoir saisir le premier instant favorable où le passage serait praticable; nous partîmes et allâmes nous mouiller près d'une immense plage de sable, et à même d'être en une heure rendus sur la barre. Cette station fut certainement le temps le plus ennuyeux de notre campagne, et il se prolongea bien plus long-temps que nous ne le pensions, car, pendant cinquante jours de suite, nous allâmes sonder, soir et matin, sur le mortel Bogaz, et pendant cinquante jours nous vîmes notre espérance s'enfuir par lambeaux.

Souvent notre vieux Salem, compatissant à notre déplaisir, cherchait à nous consoler; il nous disait qu'au premier coup de vent il y aurait du changement dans les bancs; mais plusieurs tempêtes avaient déjà eu lieu, et rien de favorable n'en était résulté. Cependant décembre arrivait; les grands vols de pélicans avaient fui, et tous les experts du pays s'étaient accordés à dire que l'époque des ouvertures de la barre était passée. Ce qu'on n'avait pu faire naturellement, on voulut alors le tenter par le secours de l'art. On demanda au vice-roi deux grands pontons, auxquels on fit faire l'office de chameaux [1] : il nous les envoya de suite; mais l'ex-

---

[1] Bâtimens de charge destinés à soulever hors de l'eau d'autres bâtimens tirant plus d'eau qu'eux.

périence nous apprit qu'ils n'étaient pas assez forts, et d'une nature propre à faire un système solide et bien lié avec le *Luxor*. On y renonça, mais l'on demanda, en remplacement, la construction de deux chameaux plus grands, dont M. Lebas fit les plans ; Mehemet-Ali s'empressa d'y acquiescer, et M. de Cerisi, ingénieur français, à son service, se chargea de les faire exécuter.

Au printemps, on devait, par leur secours, faire passer la barre au *Luxor*, en le soulevant ainsi et réduisant à cinq pieds son tirant d'eau, qui était alors de sept.

M. Lebas et le capitaine Verninac se rendirent à Alexandrie, dans l'intention d'assurer la réussite de ce plan et sa prompte mise en œuvre : ils en revinrent quand ils se furent assurés qu'on ferait la plus grande célérité.

N'ayant plus d'espoir de sortir, il devenait tout à fait inutile de rester près de l'embouchure du Nil ; d'abord il était dangereux d'hiverner dans cet endroit, et, de plus, nos hommes y tombaient malades : on remonta donc à Rosette, où l'on prit des quartiers d'hiver, en dégréant le Bâtiment et mettant en magasin tout ce que la pluie et le vent pouvaient détériorer.

Nous avions pris notre parti en braves, et notre délivrance ne nous apparaissait plus qu'au travers d'un brouillard fort épais.

Nos seules distractions étaient la grande place de Rosette, où se faisait alors la battue du riz : ce travail nous parut assez intéressant, à part l'horrible misère des malheureux Arabes qu'on y emploie; puis nous avions encore les jardins admirables des alentours de la ville.

A cette époque, les oranges, les bananes, les dattes étaient mûres, et nous trouvions beaucoup de plaisir, chaque jour, à fourrager au milieu de ce paradis terrestre. Quelques uns d'entre nous avaient su se créer, en outre, des plaisirs domestiques qui avaient fini par leur faire oublier la France, pour la terre d'exil sur laquelle nous étions : à cela qu'on joigne les bains turcs, le café et la pipe, l'on concevra que la vie nous paraissait encore supportable; il n'existe personne, du reste, comme les marins, pour déterrer les ressources d'un pays et s'y établir le premier jour, comme s'ils y avaient vingt ans d'existence. Cette habitude de rompre brusquement avec ce qui les attache le plus leur a démontré, à l'évidence, qu'ils devaient mettre le temps à profit, et commencer par où les autres finissent.

Cet état de sécurité, dans lequel nous vivions, ne devait cependant pas durer long-temps : un beau jour, à la suite d'un coup de vent violent, le vieux pilote, que le hasard avait fait aller à la barre, remonta vers nous en toute hâte, et nous dit qu'il y avait assez d'eau pour sortir. On ne sut, d'abord, si l'on devait ajouter foi à une nouvelle si inattendue et si incroyable; cependant on ne pouvait plus en douter, le vieux Salem avait juré par sa barbe et par Allah : aussi mit-on instantanément la main à l'œuvre pour regréer le Bâtiment et le décharger de tout le lest que nous avions rembarqué. Jamais travaux ne furent poussés avec plus de vigueur : on travailla jour et nuit, et chacun ne dormit que lorsque les forces lui manquèrent. Au bout de trente-six heures tout était prêt, et le Bâtiment, démarré, s'était abandonné de nouveau au courant; enfin, le 1er janvier 1833, il rejoignit le fameux Bogaz, qu'il avait quitté vingt jours auparavant, et affronta, dans la soirée du même jour, le passage de la barre. C'était une question de vie ou de mort : il faisait un beau temps et une brise légère; cependant, à mesure que nous franchissions davantage le défilé dange- reux, la brise augmentait et la mer s'élevait un peu; les bancs dont nous étions entourés produi- saient surtout un clapotis fort incommode, et nos embarcations, obligées d'être constamment dehors pour porter, dans les diverses directions fixées par le pilote, les ancres, au moyen desquelles nous opérions notre pénible marche, souffraient et se remplissaient d'eau.

Quoiqu'il n'y eût aucune apparence de mau- vais temps, la brise devint cependant assez forte pour nous faire craindre de voir casser les amarres, sans lesquelles nous eussions été nous jeter sur des bancs à quelques pas de nous. Ne pouvant chan- ger de position qu'en quittant un mouillage pour en prendre un autre, puis un second, puis un troi- sième, et ainsi de suite, cette manœuvre de cordes et d'ancres fut fort longue; aussi ne fûmes-nous dehors qu'à dix heures du soir.

Quelques instans auparavant, nous venions de toucher deux fois, et le vieux Salem sembla perdre contenance. Je me le rappelle encore, tenant sa barbe à deux mains, les deux coudes sur le bastingage, et répétant *Allah! Allah!* dans toute l'amertume de sa pensée.

J'avoue qu'il me fit, pendant quelques secondes, un effet pénible : voir ce vieux pilote à ce point de désespoir ou d'angoisses révélait un danger imminent ; et lui seul pouvait l'apprécier, *car la nuit était noire.*

On agissait cependant toujours avec la même ardeur ; nos hommes étaient exténués de fatigue. Au milieu du travail on leur distribua du vin et du biscuit, afin de ranimer un peu leurs forces ; et l'on s'apprêta à porter au loin la dernière ancre. Encore celle-là, s'écria le vieux pilote, et le galioun sera dehors.

Dans de semblables momens, où toutes les facultés morales et physiques sont concentrées sur un même point, il suffit d'une pareille promesse pour faire redoubler tous les efforts. Allons! allons! disions-nous à nos matelots, qui avaient réellement peine à remuer leurs avirons, courage, mes enfans, c'est la dernière ; puis nous entendîmes

partir un hourra de l'embarcation, et bientôt
l'ancre fut rendue à son poste.

Notre brave Salem avait dit vrai. Quand, en se
tirant sur la corde attachée à ce dernier grappin, le
Luxor s'en fut rapproché à vingt pas, il se trouvait hors de danger : *barra, kalas ; dehors,
c'est fini,* nous cria alors Salem ; et le Bâtiment,
sans attendre de nouvelles paroles de liberté, ap-
pareilla son petit hunier, et alla mouiller derrière
le *Sphinx,* où le capitaine Sarlat nous attendait
avec impatience. (Ce pauvre *Luxor,* il venait de
rentrer dans l'eau salée, et devait bien certainement l'avoir oubliée, depuis dix-huit mois qu'il
plongeait sa carène dans les eaux douces du Nil
ou les sables de la Thébaïde.)

Quelle joie nous eûmes d'être délivrés ! avec
quel plaisir nous vîmes la France se rapprocher !
Une barrière, qui nous semblait insurmontable,
venait d'être franchie; nous ressemblions à des
prisonniers mis en liberté ; et, sans la longue attente dans laquelle nous languissions depuis trois
mois, les dangers auxquels nous venions d'échapper, et la fatigue qui avait un peu abattu nos

idées de gaité, nous eussions volontiers formé le grand rond sur le pont du *Luxor*.

Sans plus attendre, le *Sphinx* nous donna la remorque, et nous achemina vers Alexandrie. La nuit nous suffit pour cette traversée; et, le 2 janvier au matin, nous parûmes de nouveau dans cette belle rade, que nous avions quittée dix-huit mois auparavant. Une foule d'amis s'intéressant au succès de l'expédition vinrent à bord nous complimenter sur notre heureuse délivrance. Bien des vanités furent froissées par notre réussite; bien des envies furent aiguillonnées : aussi ne pûmes-nous retenir notre indignation en présence de ces hommes oubliant toute idée de nationalité et de bienveillance, jusqu'à désirer de voir échouer le *Luxor*, ou bogasser (comme ils disaient), c'est à dire rester près du Bogaz, sans pouvoir franchir la barre. Dans cette belle journée du 2 janvier, cette sorte de gens formait l'ombre du tableau, qu'égayaient et notre vive joie et celle de nos amis.

Plusieurs des négocians d'Alexandrie nous reçurent avec une cordialité vraiment rare, même chez des compatriotes. Les bals se succédèrent sans interruption; ils vinrent, ainsi que les aimables Alexandrines, nous faire oublier nos ennuis et nos malheurs passés.

Quelques réparations étaient nécessaires au Bâtiment : l'on profita de la saison du mauvais temps pour les faire; et c'est moitié au milieu des plaisirs d'Alexandrie, moitié occupés par les travaux du bord, que nous passâmes les trois premiers mois de l'année, pendant lesquels il eût été imprudent de se mettre en route : il y eut en effet, dans ce laps de temps, des coups de vent affreux.

On se ferait une idée fausse de l'Alexandrie de nos jours, si l'on s'arrêtait aux descriptions de l'ancienne ville d'Alexandrie. Cette cité est composée aujourd'hui, comme toutes les villes turques, de groupes de maisons de boue et de plâtre, fort sales, et comprenant des rues fort étroites et non pavées. On y sent partout une odeur infecte d'huile et d'ordures de tout genre : l'on y voit à chaque pas des malheureux déguenillés, des aveugles et des borgnes. A part la Pointe des Figuiers, que décorent les palais de Mehemet-Ali, le seul endroit passable est le Quartier Franc : une belle rue conduit à la place, où s'élèvent des okelles[1] magnifiques, habitées par les négocians européens. C'est là que nous venions chaque jour chercher quelque distraction parmi nos amis, ou leur raconter les détails de notre voyage. MM. Mimaut et de Cerisi nous ouvrirent leurs maisons; MM. F. de Lesseps, Béraud, Reinlen, Roland, Gautier et Pastré nous y traitèrent comme des frères, et nous firent trouver dans leur intimité les douceurs et les soins de nos propres familles. Avec quel plaisir j'aime à me rappeler aussi l'excellent M. Bondesio, consul général de Sardaigne à Alexandrie! Il est impossible de trouver des expressions assez chaudes pour reconnaître sa cordiale amitié et son dévouement à notre égard.

La fin de mars fut bientôt arrivée au milieu de nos nombreuses occupations : l'on fit les préparatifs pour le départ, et le capitaine Verninac en fixa le jour au premier beau temps bien assuré. Ce fut le 1er avril que, remorqués par le *Sphinx*, nous quittâmes Alexandrie : les mêmes personnes qui nous y avaient reçus vinrent nous accompagner jusqu'à l'extrémité de la rade, où nous les quittâmes

[1] Grand corps de bâtiment à quatre ailes, renfermant une cour intérieure.

avec des regrets véritables; mais notre désir de revoir la France nous consola bien puissamment dans
cette circonstance. Nous partimes avec très belle
apparence; le baromètre marquait quatre lignes
au dessus de vingt-huit pouces; l'on fit route sur
Candie : au bout de deux jours, nous étions à environ soixante-dix lieues de la côte d'Afrique. Ce
début était ravissant; mais peu à peu le ciel se chargea, l'air devint froid, la mer grossit; un coup de
vent d'ouest se déclara (voyez Planche xvi). Pendant quelque temps nous essayâmes de lutter, mais
le *Sphinx* perdait à chaque instant de sa vitesse,
à tel point qu'il eût été imprudent de continuer à
vouloir suivre la même route, sous peine de dé-
penser tout le charbon du bateau à vapeur, et rester en pleine mer sans autre secours que nos voiles.
Le plus court et le plus prudent fut de changer de
direction, et d'en prendre une dans laquelle le vent
nous portait vers un port de relâche : nous nous
dirigeâmes sur Rhodes.

Au bout de deux jours, la mer était très grosse et
très dure; le *Luxor* roulait de la manière la plus
épouvantable, et passait au travers des lames avec
une telle facilité, qu'il eût été parfois imprudent de
se tenir sur l'avant dans la crainte d'être renversé.

Les officiers du *Sphinx* nous ont dit, bien des fois depuis, que nos affreux roulis les faisaient à chaque instant trembler pour notre salut.

Les premiers soins, lorsque le Bâtiment se trouva ainsi agité violemment, furent de visiter l'obélisque, afin de s'assurer s'il était sans mouvement dans la cale; nos perquisitions, à cet égard, eurent toujours un résultat très rassurant. Les terres de Rhodes nous apparurent au bout de cinq jours, et, le soir, notre ancre tomba dans le petit avant-port de cette île : ce mouillage ne vaut rien, il ne peut servir qu'en cas d'urgence. Nous mîmes pied à terre un moment, et ne vîmes qu'une bourgade fort triste, montueuse, et pas un vestige du fameux colosse; quelques restes seulement de la ville des chevaliers sont encore debout; une très belle tour carrée, entre autres, ainsi que plusieurs maisons blasonnées, nous intéressèrent. Nous eûmes bientôt rejoint nos bâtimens. Le temps devint horriblement noir; une forte pluie et un vent violent s'ensuivirent; il y eut quelques craintes de chasser pendant la nuit, car les roches étaient fort près : tout se passa cependant sans encombres; mais il nous était impossible de rester plus long-temps dans un semblable mouillage. Dès le matin, le *Sphinx* nous prit à la remorque, et nous conduisit à Marmaris, port admirablement beau, sur la côte de Caramanie, à peu près à six lieues de là. Trois jours s'écoulèrent dans cette bonbonnière, pendant lesquels s'apaisa le mauvais temps; nous les employâmes à faire laver le linge de nos équipages, et à chasser dans les montagnes : on y trouve beaucoup de gibier. Dans certains ravins existent de belles chutes d'eau, des moulins sur ces torrens, et une végétation fort belle. Le village, au fond de la rade, est habité par des Turcs; il est fort triste et fort petit : aussi nous quittâmes Marmaris avec grand plaisir. Étant à la porte de l'Archipel, notre plus court était de le traverser dans sa partie septentrionale; nous fîmes donc route de manière à passer près de Milo : cette île pouvait nous offrir un port de relâche en cas de vents contraires. Notre prévoyance ne fut pas inutile, et le port de Milo nous servit effectivement d'abri pendant vingt-quatre heures; puis nous nous acheminâmes pour doubler les caps Saint-Ange et Matapan. Là, une question se présenta : irait-on à Malte renouveler le charbon du *Sphinx*, ou bien dans les îles Ioniennes;

la grande distance de Malte nous fit craindre encore de rester en route par l'effet des mauvais temps. Le capitaine Verninac décida donc qu'on remonterait dans le nord : nous mîmes alors le cap sur Navarin, dans l'espérance d'y trouver l'amiral Hugon ; il était parti depuis deux jours : aussi, entrés la nuit dans ce port, en sortîmes-nous le jour suivant. Nous nous dirigeâmes sur Zante et y fûmes le lendemain. L'île était dépourvue de charbon ; mais nous y trouvâmes des vivres frais pour les équipages. Sortis de Zante environ trente-six heures après notre mouillage sur sa rade, l'on mit le cap sur Corfou; le 23 avril, le *Luxor* et le *Sphinx* étaient ancrés en face de l'île Vido. Le capitaine Sarlat se mit aussitôt en mesure d'obtenir l'approvisionnement de charbon pour son bateau. Lord Nugent, gouverneur de l'île, nous reçut avec toute la politesse et les prévenances désirables, et les officiers de la garnison nous fêtèrent par de somptueux banquets : bref, le temps employé à embarquer le combustible s'écoula fort rapidement pour nous.

Sitôt prêts, nous appareillâmes et fîmes route pour Toulon. Le capitaine Verninac préféra passer par le phare de Messine, et se tenir ainsi près des côtes d'Italie : c'était un rapprochement bizarre, qu'un obélisque d'Égypte demandant passage aux rochers redoutés de Charybde et Scylla.

Les deux premiers jours de notre traversée furent peu rassurans : le vent était frais quoique passablement bon, la mer était assez grosse ; cependant tout s'apaisa, et huit jours d'un calme tout à fait plat nous permirent de rejoindre Toulon, où nous entrâmes le 10 mai, à deux heures du matin : on nous y fit faire une quarantaine de vingt jours ; ce temps d'exil nous parut d'une longueur effrayante, car il nous tardait bien à tous de revoir nos amis et notre port.

Sitôt la quarantaine achevée, le Bâtiment entra dans l'arsenal, passa au bassin, où l'on visita, nettoya et braya sa carène, puis on changea une partie de son équipage ; on débarqua M. Lebas, qui était passager, un officier du bord, M. Baude, le second chirurgien, M. Pons ; on fit les réparations urgentes au *Sphinx ;* on compléta nos vivres de campagne, et quarante-deux jours après notre entrée, nous ressortîmes de Toulon, et continuâmes notre voyage : ce qui nous restait à faire n'était pas le plus facile.

Sans avoir bien beau temps, nous fûmes assez favorisés jusqu'à Gibraltar; au bout de huit jours, le *Luxor* mouilla sous les rochers de ce fort imprenable; là le *Sphinx* prit du charbon : cette opération se fit très rapidement; toutes les autorités anglaises et les officiers de la garnison nous comblèrent de politesses. En quittant Gibraltar, nous traversâmes la baie et allâmes jeter un pied d'ancre à Algésiras, afin d'y prendre l'entrée et être par là admis en libre pratique sur tous les points de la côte d'Espagne où le temps pourrait nous forcer à relâcher. Le hasard nous fit assister, dans cette ville, à l'anniversaire de la naissance de la reine Christine; le lendemain, une immense quantité de personnes vinrent visiter le Bâtiment. Le moment le plus amusant de la journée fut vers midi : d'énormes barques chargées de gens du peuple accostèrent le bord, et tout ce monde, après avoir demandé fort honnêtement à voir *la pierre*, se répandit sur notre pont; le gaillard d'arrière devint bientôt une salle de bal : l'on dansait le boléro et le fandango de tous côtés. Pour ma part, je prenais un immense plaisir à ces joies populaires, elles étaient tellement empreintes de caractère national, il y avait tellement de nature dans tous ces chants, ces mouvemens et ces battemens de mains à l'arabe, cela était si vrai, si naïf, que j'aurais voulu y faire assister tous nos artistes de l'Opéra, pour leur dire : « Voilà des modèles, copiez-les fidèlement. » Mais n'allez pas, comme certain musicien, faire de la catchoutcha une contre-danse : vous ressembleriez à ces gens qui tondent la croupe de leur caniche pour en faire un lion. Laissez le poil à votre bête, elle ressemblera à quelque chose; à moitié tondue, ce ne sera qu'un monstre.

Nous quittâmes Algésiras le 10 juillet. Arrivés au cap Saint-Vincent, la brise nous força à relâcher à Lagos; puis, le lendemain, à Sagro, petit port sous la pointe même du cap. Nous n'y passâmes que la nuit, et de là allâmes jusqu'à la Corogne sans relâcher une seule fois : les vents contraires nous y retinrent. Cette ville nous offrit quelques promenades, et du charbon pour le *Sphinx*. D'après le calme de la rade, nous pensâmes, au bout de dix-sept jours, que les vents de nord-est seraient enfin apaisés, et nous appareillâmes; mais, à peine dehors, une brise carabinée nous força à rentrer.

Vingt-quatre heures se passèrent, et nous ten-
tâmes de nouveau : cette fois, nous allâmes jusqu'à
Cherbourg sans toucher aucune terre. Il est à remarquer que la traversée, depuis Gibraltar jusqu'à ce dernier port, fut faite constamment vent
debout; ce voyage du *Luxor* est donc entièrement
dû au *Sphinx* : sans lui, en effet, l'obélisque serait
probablement encore en Égypte, ou jeté sur une
côte inhospitalière.

En arrivant à Cherbourg, le capitaine Verninac
reçut des ordres pour s'y arrêter. Le roi et toute la
famille royale devaient s'y rendre sous peu. On nous
plaça donc, ainsi que le *Sphinx*, dans l'avant-port,
où nous nous amarrâmes à quatre amarres. Là,
nous fîmes la toilette de nos bâtimens, et nous
préparâmes à recevoir S. M.; elle nous rendit effectivement visite, ainsi que la reine, Mme Adélaïde,
et tous les princes. Le roi voulut bien nous adres-
ser les complimens les plus flatteurs au sujet de
notre campagne; puis il fit M. Verninac capitaine
de corvette, et décora M. Angelin et moi; il se rendit ensuite à bord de notre remorqueur, où, après
avoir félicité ces messieurs sur leur coopération à

la complète réussite de l'expédition, il porta au grade de capitaine de corvette M. Sarlat, qui commandait le bateau à vapeur.

Nous ne quittâmes point Cherbourg avant S. M., et trouvâmes quelques délassemens dans les fêtes brillantes qui accompagnèrent la réception qui lui fut faite : ce ne fut qu'après son départ que le *Luxor* pensa à terminer son voyage. Le *Sphinx* tirant trop d'eau pour entrer dans la Seine, on fréta un bateau à vapeur du Havre, nommé l'*Heva*; il devait nous prendre à l'embouchure du fleuve. Le 12 septembre, nous partîmes de Cherbourg, toujours remorqués par le commandant Sarlat, qui nous abandonna en face du Havre, le 13 au matin, dès que l'*Heva* se dirigea sur nous. Nous fîmes nos adieux à nos fidèles compagnons de route, et, muni d'excellens pilotes, le *Luxor* entreprit bravement de franchir la barre dangereuse qui obstrue le fleuve jusqu'à Quillebœuf. Que de circuits et de détours il nous fallut faire pour sortir de ce dédale de bancs ! Nous reconnûmes encore notre étoile dans la manière heureuse dont se termina ce passage : le 14, nous étions à Rouen.

Les eaux de la Seine étant basses, le *Luxor* ne pouvait aller plus loin; il attendit donc patiemment la crue pendant trois mois. Dans ce temps, il se dégréa, démâta, s'allégea, et rasa ses bastingages pour être plus propre à passer sous les ponts : enfin, le 13 décembre arriva, et les pilotes de la Seine nous annoncèrent que les eaux étaient assez hautes; le *Luxor* se démarra, et se mit de nouveau en marche : ce fut M. Duboulay, entrepreneur de navigation sur Seine, qui se chargea de nous conduire à Paris. Le Bâtiment fut remorqué par des chevaux; il en fallait seize pour les courans ordinaires, et jusqu'à trente dans quelques endroits difficiles. Le *Luxor* arriva à Paris le 23 décembre, jour de l'ouverture des Chambres. Le roi vint encore nous voir, et invita le capitaine et l'état-major du Bâtiment à dîner aux Tuileries; puis, le dimanche, tout l'équipage du *Luxor*, les officiers en tête, défilèrent dans la cour du Carrousel devant S. M., qui, après l'allocution la plus flatteuse pour tous, décora M. Jaurès, lieutenant de frégate, et Choisy, maître d'équipage du bord. Depuis cette époque, le Bâtiment est resté ancré près du quai de la Concorde, à environ cinq cents pas au dessous du pont Louis XV, attendant les basses eaux de la Seine pour s'échouer sur le lit préparé à l'avance par M. Lebas; il s'est trouvé complétement à sec dans le courant de juin 1834, époque à laquelle on put mettre la main aux travaux nécessaires à l'extraction du monolithe. Pour cela on démolit l'avant, on prépara une cale en forme de glissoir, conduisant sur le quai par la pente de l'abreuvoir, pour trainer l'obélisque jusqu'au haut. Les cabestans et apparaux furent envoyés du Havre, et le 8 juillet, nous déposâmes sur le sol de notre capitale le trésor que nous avions enlevé, trois ans auparavant, à l'ancienne capitale de l'Égypte, à la fameuse Thèbes aux cent portes.

Il est difficile de prévoir exactement à quelle époque l'obélisque sera mis debout. Il parait arrêté qu'il sera sur la place de la Concorde. Ma voix, bien faible à la vérité, serait pour la cour du Louvre. Quant à son redressement, il doit être subordonné à l'arrivée du socle : ce dernier, en granit français, sera extrait des carrières près de Brest. On ne sait encore au juste de combien de morceaux il sera composé; tout cela doit dépendre des rencontres qu'on fera dans la roche. Nous avions pensé, nous autres *Égyptiens,* qu'on rendrait à l'obélisque de Luxor la forme de son socle primitif; cette forme imaginée et arrêtée par les anciens, il y a quatre mille ans : nous nous sommes trompés, ce qu'on a choisi n'a rien de grave, il nous semble; c'est un piédestal dans le genre de ceux destinés aux statues, c'est le socle romain. Je trouve qu'il valait autant copier l'Égypte que l'Italie.

L'obélisque est maintenant gisant au haut de la pente de l'abreuvoir, à son raccordement avec le quai. On lui fera probablement faire encore une petite promenade cette année, pour l'amener sur la place. Le peuple parisien aura de nouveau le plaisir de voir glisser péniblement cette masse pesante; mais en vain des regards curieux chercheront à pénétrer la chemise épaisse sous laquelle sont cachées ses riches sculptures; elles ne reverront la lumière qu'après l'érection parfaite du monument : seulement alors l'obélisque quittera son voile épais, en présence d'une Madeleine suppliante au pied du Christ, et de l'arc triomphal de Napoléon, pour chanter avec orgueil, dans ses hiéroglyphes sacrés, et la gloire d'Ammon et les victoires du grand Sésostris.

FIN.

IMPRIMERIE DE Mme HUZARD (née VALLAT LA CHAPELLE), rue de l'Éperon, n° 7.